令和6基準年度対応版

固定資産税土地評価の実務ポイント

一般財団法人 日本不動産研究所
固定資産税評価研究会
編著

ぎょうせい

刊行にあたって

　固定資産税は、令和2年度の税収が全国で約9.3兆円、市町村税収の4割以上を占める基幹的な税目です。さらに、その4割近くは土地に対する課税となっており、課税客体である土地について適正な評価を行うことが、最も基本的な事項であることは言うまでもありません。

　しかしながら、土地価格は地域性・個別性が強いことから、固定資産評価基準においても一般的なルールを規定するにとどめ、評価の細目にわたる相当の部分は、市町村長の判断に委ねられています。このため、具体の評価実務においては価格形成に影響を与える様々な要素を適切に考慮するなど、専門的知識に基づく「判断」が求められることとなります。

　一方で、職員の減員や人事ローテーションの早期化により、市町村にあってはこれまでのようなベテラン職員による個別的・属人的な技術伝承などが難くなっているものと思われます。

　当研究所は、昭和34年（1959年）に創立され、以来半世紀以上にわたって、不動産等に関する、理論的・実証的研究、鑑定評価、コンサルティング業務等を先導的に展開し、不動産等に関する理論の「構築」、「実践」、「普及」のパイオニア、フロントランナーとして活動してまいりました。固定資産税評価に関しましても、総務省、一般財団法人資産評価システム研究センター及び多くの自治体と協力しながら、その理論的・実証的研究を行うとともに、実務における実践・普及を行ってまいりました。

　そうしたなかで得られた多くの知見を広く皆さまに披瀝し、ご活用いただくのが本書刊行の目的です。これまでも、平成19年度以降、評価替えのタイミングに合わせて同趣旨の図書を5回刊行してまいりました。

　前回は、皆様が土地評価事務において直面する多くの「判断」の前提となる基本的な考え方、すなわち、「土地価格形成の本質」についての解説を充実させることを主眼に、大幅に内容等の見直しを行い、ご好評をいただきました。

　本書は、前回版を基本としつつ、必要な改良を加え、かつ、土地評価に係る各種最新情報等を反映し、令和6基準年度対応版として刊行するものです。

　本書が、市町村において固定資産税務に携わる皆様への一助となれば幸いです。

令和4年8月

一般財団法人　日本不動産研究所
理事長　　**日原　洋文**

はしがき

　本書の編著は、当研究所に設置した「固定資産税評価研究会」が行いました。「固定資産税評価研究会」には、固定資産税評価に特化した多くの専門家が属し、日夜研鑽を積んでいます。これら専門家は、日頃より固定資産税評価に関連する業務に従事しつつ、公的委員会等への参画、研修会への出講及び専門誌への寄稿等の活動を行っております。

　本書は、これら活動の成果を集約し、これ1冊で、固定資産税土地評価の実務に携わる皆様が直面する様々な課題に、できる限り答えていこうとするものです。ページの制約があるなかで、この目的を達成するため、「令和6基準年度対応版」は以下のような構成としました。

　第1篇は、宅地を中心に、固定資産税における土地評価全般にわたり説明しています。本篇は、固定資産評価基準の規定から実務に及ぶ総括的な解説を行うことにより、はじめに土地評価の全体像を理解いただく趣旨から前回版より採用したテーマです。

　第2篇は、標準宅地の鑑定評価について説明しており、従来と同じく、本書の中核となる篇です。全国の宅地評価の均衡化・適正化は、標準宅地の鑑定評価が正しく行われ、かつ、これを正しく活用することによってはじめて実現します。このような意味において、いわば適正な評価の「出発点」であることから、標準宅地の鑑定評価について詳しい解説を付しております。

　第3篇は、数ある課題のなかから、自治体よりお問い合わせを受けることが多いテーマと、時節に応じた最新のテーマを、選別して取り上げております。このなかでも、第3章「不整形地の評価（不整形地補正）」、第4章「災害ハザードエリアにある土地の評価」、第5章「その他の雑種地の評価」を今回新たなテーマとして採用しました。また、これまでの刊行で取り上げたテーマについても内容を精査し改良を加えています。

　本書が固定資産税土地評価の実務に携わる皆様の一助となれば、編集者代表として望外の喜びです。

　なお、本書は一般財団法人資産評価システム研究センターにおける調査研究の成果をふまえています。同センターには、本書における資料の利用等のご配慮に深く感謝を申し上げます。

　最後に、本書の刊行にあたって、ご尽力をいただきました株式会社ぎょうせいの担当者の皆様に心から感謝申し上げます。

　令和4年8月

一般財団法人 日本不動産研究所「固定資産税評価研究会」
代表　**戸張　有**（一般財団法人 日本不動産研究所 公共部長）

目次

略語の凡例

　本書全体を通じ、下表の略語を用いた。このほか、各篇・各章において略語を用いる場合には、それぞれ各所において「○○（以下、「○○」という）」との形式で定義した。

略語	略さない用語
法	地方税法（昭和25年法律第226号）
評価基準	固定資産評価基準（昭和38年自治省告示第158号）
基準解説	固定資産評価基準解説（土地篇）（一般財団法人地方財務協会、令和3年5月発行）
固定資産税評価	固定資産税における土地評価
鑑定評価	不動産鑑定評価
鑑定士	不動産鑑定士
鑑定評価基準	不動産鑑定評価基準
鑑定評価書参考様式	宅地鑑定評価書の参考様式（令和4年5月23日付総務省自治税務局資産評価室土地第一係長 事務連絡）
公示地	地価公示法（昭和44年法律第49号）第2条第1項の標準地
基準地	国土利用計画法施行令（昭和49年政令第387号）第7条第1項の基準地
評価センター	一般財団法人資産評価システム研究センター
土地研	土地に関する調査研究委員会（一般財団法人資産評価システム研究センター設置）

第 **1** 篇

固定資産税の土地評価
～総論～

地目別の評価方法

本章は、固定資産税評価の概要を、地目別に解説する。

1．地目認定の意義

　地目とは、土地を利用面から分類した名称である。評価基準では、土地評価の基本として当該土地の地目の別に評価の方法を定めるとしている。したがって地目の認定は、固定資産税評価においては基礎となるものであり、固定資産税評価額を決定づける重要な事項である。

　固定資産税評価の流れを図示すると下記のとおり。

図表１－１－１　固定資産税評価の流れ

2．固定資産税評価における地目

　固定資産税評価においては、地目を田、畑、宅地、鉱泉地、池沼、山林、牧場、原野及び雑種地の９地目に区分している（評価基準第１章第１節）。一方、不動産登記法における地目は、田、畑、宅地、学校用地、鉄道用地、塩田、鉱泉地、池沼、山林、牧場、原野、墓地、境内地、運河用地、水道用地、用悪水路、ため池、堤、井溝、保安林、公衆用道路、公園及び雑種地の23地目に区分される（不動産登記法第34条第2項、不動産登記規則第99条）。

　固定資産税評価における地目の認定と、不動産登記法における地目の認定の定義は基本的に異なることはないため、両者は一致することが多いと思われる。

　しかし、不動産登記法の方が定められた地目の区分数が多いことからも分かるとおり、特に雑種地の場合、評価基準の方が雑種地と認定される範囲が不動産登記の場合よりも広くなる。これは、評価基準においては、田、畑、

宅地、鉱泉地、池沼、山林、牧場、原野以外の土地を、すべて雑種地と包括的に認定するところに起因する。評価基準では、地目は評価上必要な最低限の区分を定めているが、不動産登記法では、詳細かつ具体的に地目を設定するため、必然的に両者が一致しない場合があることに留意が必要である。例えば、不動産登記法上、鉄道用地として認定される土地は、固定資産税評価においては雑種地として認定される。

　また、不動産登記法も固定資産税評価も現況に基づき地目を認定するものの、不動産登記法においては申請主義が取られているため、申請に基づき登記された地目が現況と一致しない場合がある。この点でも両者が一致しない場合があることに留意が必要である。例えば、不動産登記において田として登記されていても、現況が建物の敷地として利用されていれば、固定資産税評価においては宅地として認定する必要がある。

３．地目別評価方法

　基準解説は、土地の評価について「売買実例価額を基準とする評価方法は、売買のあった土地のうち同類型の土地と評価対象地とについて、その価格形成要因や時点等を比較衡量して評価対象地の適正な時価を求める方法である。」とし、次の２つの方法を挙げている。

① 各筆の土地と売買実例地の価格形成要因や時点の差を比較衡量して評価する方法（売買実例地比準方式）

② ある地目の土地について状況が類似する特定の地域、すなわち状況類似地区（域）を定め、当該地区・地域の土地から標準的な土地（標準地）を選定し、この標準地について正常と認められる価格を求め、この価格に比準して同地区（域）内の他の土地の適正な時価を求める方法（標準地比準方式）

　②の評価方法は、筆数の多い田・畑・山林・宅地に採用され、①の方法はその他の土地に採用される。

　ただし、鉱泉地、雑種地（ゴルフ場等用地及び鉄軌道用地）は、その特殊性

から①、②と異なる方法を採用する、もしくは①の方法を採用する土地について、売買実例がない場合の評価として近傍地比準方式を定めている。

　以下、地目別評価方法をまとめた表である。

図表１−１−２　地目別評価方法

評価方法		評価方法の概要	評価基準における土地の地目等	備考
1	標準地比準方式	標準地の評点数に比準して、比準地の評点数を求める方法	田、畑、山林、宅地(その他の宅地評価法を適用する地区に所在する土地)	所要の補正率表の追加等、新たに採用する価格形成要因を増やす場合、各筆対応となるため作業量は膨大となる
	路線価方式	同一路線に沿接する宅地の評点数を路線価に比準して求める方法	宅地市街地宅地評価法を適用する地区に所在する土地	状況類似地域を設定し、同地域内の標準的な街路に選定した、標準宅地の価格に基づき価格を求めるものであり、ここでは標準地比準方式の一類型として分類した
2	売買実例地比準方式	売買実例地の売買実例価額から求めた正常売買価格に比準して、比準地の価額を求める方法	池沼、牧場、原野、雑種地	該当地目の売買実例がない場合が多く、売買実例を得たとしても正常売買価格への補正が難しいため、ほとんどの団体が近傍地比準方式を採用している
3	近傍地比準方式	該当地の付近の他の土地の価額に比準して、比準地の価額を求める方法	田及び畑(宅地等介在農地等)、宅地(農業用施設用地等)、池沼、山林、牧場、原野、雑種地(ゴルフ場等用地及び鉄軌道用地を除く)	○売買実例地比準方式を採用する地目においては、売買実例がない場合、採用する評価方法である 以下の評価方法も近傍地比準方式の範疇に含むものとされる ○市街化区域農地及び介在農地において、転用後の状況が類似する宅地の価額を基準として求めた価額から、転用に要する造成費相当額を控除してその価額を求める方法 ○農業用施設に供する宅地及び生産緑地地区内の宅地について、付近の農地(等)の価額を基準として求めた価額に宅地化のため通常必要と認められる造成費に相当する額を加算してその価額を求める方法

評価方法		評価方法の概要	評価基準における土地の地目等	備考
4 特殊な方式	変動率方式 鉱泉地	鉱泉地の基準年度前年度の価額に鉱泉を利用する温泉地に存する宅地の変動率を乗じて価額を求める方法	鉱泉地	新たな鉱泉地や左欄の方式が妥当でない場合は、鉱泉を利用する温泉地と状況が類似する温泉地に係る鉱泉地の価額に比準してその価額を求める方法による
	加算方式 雑種地	土地の取得価額に造成費を加算した額を基準として価額を求める方法	雑種地(著しく規模が大きい)ゴルフ場、遊園地、運動場、野球場、競馬場等	位置・利用状況に差がある場合においては補正を実施する
	鉄軌道用地の評価方法 雑種地 — 単体利用鉄軌道用地	鉄軌道用地に沿接する土地の価額の3分の1の額をその価額とする方法	雑種地—鉄軌道用地	運送の用のみに供される鉄軌道用地
	面積あん分方式 雑種地 — 複合利用鉄軌道用地	地積を運送の用に供する部分と運送以外の用に供する部分の面積であん分し、それぞれの地積に対応する価額を算出し、合算してその価額を求める方法	雑種地—鉄軌道用地	複合利用鉄軌道用地 ○運送の用に供する部分と運送以外の用に供する部分を有する複合利用建物の敷地 ○鉄軌道用地の上部に人工地盤を設置し、複合利用建物や運送以外の用に供する建物を建築している場合等

第 **2** 章

宅地の評価方法

本章では、宅地評価に的を絞り、主に「市街地宅地評価法」及び「その他の宅地評価法」に分けて解説する。

1．市街地宅地評価法

評価基準において、主として市街地的形態を形成する地域における宅地については「市街地宅地評価法」が、主として市街地的形態を形成するに至らない地域における宅地については「その他の宅地評価法」が採用されている。

以下、市街地宅地評価法の評価フロー図である。

図表1－2－1　市街地宅地評価法の評価フロー

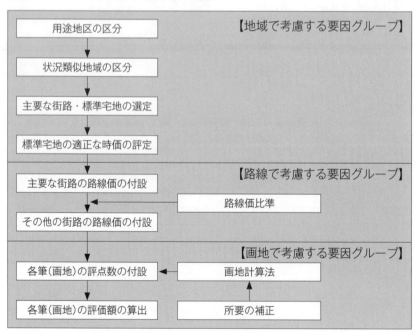

不動産は他の不動産とともに一定の地域を構成し、これら地域は一定の利用方法に基づく価格水準を形成する。個々の不動産の価格は、その地域における一定の価格水準を前提とし、個々の不動産の個別性（道路幅員、土地の形状等）を反映して決定される。

　固定資産税評価においても、このような土地の価格形成プロセスを前提に評価を行う必要がある。図表1－2－1のとおり、市街地宅地評価法では、「地域の品等」「土地の形状」といった価格形成要因を【地域で考慮する要因グループ】→【路線で考慮する要因グループ】→【画地で考慮する要因グループ】の順に主に3つに大別して評価を行う仕組みとなっている。

　例えば、「地域の品等」は、街路（路線）単位や画地単位で相違が生じるものではないため、【地域で考慮する要因グループ】となる。次に、「土地の形状」では、地域単位や街路（路線）単位において千差万別であることから、【画地で考慮する要因グループ】となる場合が多いと考えられる。

　このように市街地宅地評価法の適用にあたっては、どのような価格形成要因をどの要因グループにおいて反映するかが重要となる。

　以下、市街地宅地評価法の評価フローの各段階において留意すべき事項を整理した。

（1）用途地区の区分

　用途地区は評価基準における用語ではなく、評価基準では「地区」とされている。しかし、基準解説には用途地区と明記されており、固定資産税評価の実務でも、一般に「用途地区」と呼ぶことから、本章でも用途地区と表記する。

　基準解説によると「用途地区とは、宅地の価格に影響を及ぼす諸要素のうち地域的にみて類似性の強い要素を基準として区分されるものであるが、具体的には、宅地がおおむね適業適地の原則に従って利用されていることから、その利用状況が類似している地区」とされている。基準解説を基に、用途地区を分類すると、下図のとおりである。

図表１－２－２　用途地区の区分例

商業地区	
	高度商業地区Ⅰ
	高度商業地区Ⅱ
	繁華街地区
	普通商業地区
住宅地区	
	併用住宅地区（※１）
	高級住宅地区
	普通住宅地区
工業地区	
	大工場地区
	中小工場地区
	家内工業地区（※２）
観光地区	

（※１）併用住宅地区は基準解説では住宅地区に分類されているが、画地計算における補正率は普通商業地区と同じである。

（※２）家内工業地区は基準解説では工業地区に分類されているが、画地計算における補正率は普通住宅地区と同じである。

　なお、用途地区の区分数については、これに固執する必要はなく、地域の実情に応じて設定すればよい。例えば、大型オフィスビルや店舗が街区を形成するような地域のない市町村については高度商業地区Ⅰ、Ⅱを設定する必要性はなく、一方、郊外型の路線商業地域が広がっている市町村については、路線商業地区（商業地区）といった名称で用途地区を設定してもよい。

　また、各用途地区によって、重視する価格形成要因（例：商業地区では収益性、住宅地区では居住の快適性や利便性、工業地区では生産性を重視など）が異なるため、実務的には次の①、②の２点を決定づけるうえで大きな意義を有する。

①路線価付設の際の路線価比準表の適用区分

その他の街路の路線価付設に際しての路線価比準表の適用にあたっては、用途地区の区分の如何により比準率が異なる。下図を例にすると、道路の幅員5mの主要な街路、道路の幅員12mのその他の街路が存する場合、主要な街路と比較して、その他の街路の収益性は交通量や視認性の観点から大きなプラスとなるが、居住の快適性の観点からは、日照・通風の確保などプラスの側面のほか、交通量が増すことによる危険性、騒音や排気ガスといったマイナス面も生じることになる。そのため、道路の幅員について、住宅地区（例：普通住宅地区）は商業地区（例：普通商業地区）ほど大きくプラスにはならない場合がある。このことは、道路の幅員に限らず、路線価比準表として採用している他の価格形成要因についても同様であり、採用する路線価比準表の項目が同じであっても、適用される比準率は用途地区により異なる場合があることに注意が必要である。

図表1－2－3　用途地区別の路線価比準表の適用例

状況類似地域 A

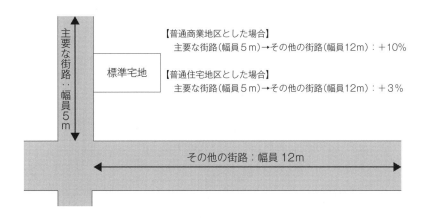

②画地計算の際の補正率表の適用区分

　各筆の評点数付設に際しての画地計算法の適用にあたっては、用途地区の区分の如何により、補正率表のなかで採用すべき区分が異なる。下図を例にすると、同じ形状であっても、普通住宅地区の方が、商業系の用途地区に区分された場合より減価が大きい。これは形状が悪くても収益性の観点からは大きく影響しない場合がある一方で、居住の快適性の観点からは大きな影響を与える場合があるためである。

図表１－２－４　用途地区ごとの画地計算の適用例

地区区分 / 蔭地割合	高度商業地区（Ⅰ、Ⅱ）、繁華街地区、普通商業地区、併用住宅地区、中小工場地区	普通住宅地区 家内工業地区
10％未満	1.00	1.00
10％以上20％未満	0.98	0.96
20％以上30％未満	0.96	0.92
30％以上40％未満	0.92	0.88
40％以上50％未満	0.87	0.82
50％以上60％未満	0.80	0.72
60％以上	0.70	0.60

　また、用途地区の区分に際して、その他留意すべき点は実務的には次の③～⑥の４点である。

③評価替え時における用途地区の変更について

　前回評価替え（３年前）と比較して、現況に大きな変化のない地域であるが、現行の用途地区が現況に適合していない場合がある。

　現況の用途の変化は、例えば、商店街（商業地区）が徐々に衰退して住宅中心となる場合や、工場（工業地区）が徐々に廃業して住宅中心となる場合等のように、何年もの時をかけて徐々に進行することも多い。このような場合は、用途地区を変更すべき評価替え年度が明確でないため、明らかな事由がないかぎり継続的な評価として前回評価替えの取扱いを踏襲する固定資産

税評価にあっては、用途地区を変更するタイミングが遅れる傾向にあるが、このとき前回評価替えの用途地区を踏襲していく取扱いは必ずしも妥当ではない。現時点の土地利用状況に鑑みて、用途の転換が進み現行の用途地区区分とは明らかに適合しないならば、前回評価替えからの利用状況の変化はあまりみられないとしても、過去に年数を経て進行した変化を今回の評価替えで反映することが必要となる。

なお、このことは過去の用途地区区分の判定が誤りであることを意味するものではなく、商業地区（または工業地区）と住宅地区の要素が混在するなかにおいて、合理的な判断の範囲として用途地区の変更を行うものである。

④工場と住宅が混在する場合の用途地区の判定について

固定資産税評価の用途地区において、店舗や事務所等と住宅が混在している地区は併用住宅地区に区分されるが、工場と住宅が混在する地区に相当する区分はない。したがって、工場と住宅が混在している地区における用途地区の判定は、主たる利用がいずれであるかにより判断する必要がある。

ただし、工業地区から住宅地区に変化していく過程にある場合にあっては、用途地区の見直しは慎重に行う必要がある。すなわち、標準宅地の鑑定評価にあっても、地域の標準的使用を住宅地とみるか工場地とみるかで査定結果には差異が生じてくる（工場地として評価するより住宅地として評価するほうが一般に高くなる）から、用途転換の熟成が、転換後の用途を前提に評価すべき度合いに達しているか、鑑定評価員と協議のうえ慎重に判断する必要がある。現況が明らかに住宅地区というべき状況に至っていると判断される場合には、工場も一部にみられる住宅地区として、標準宅地の鑑定評価と用途地区区分が整合的に判断されるよう留意しつつ、見直しを行う必要がある。

⑤都市計画における用途地域との関係について

　用途地域とは、都市計画法の地域地区の１つである。都市における住宅、商業、工業といった土地利用は、類似のものが集まっているとそれぞれに適合した環境が保全され効率的な活動を行うことができる。しかし、種類の異なる土地利用が混在していると、環境が阻害される、利便が悪くなるなどの傾向がある。そこで都市計画では、都市を住宅地、商業地、工業地などいくつかの種類に区分し、これを「用途地域」として定めている。

　都市計画の用途地域は、建築物の用途、規模及び形態などの規制や誘導を通じて、土地利用の方向づけを行うものであり、地域に適合しない土地利用を抑制する効果はあるものの、特定の利用方法への純化を強制するほどの効力はない。したがって、都市計画の用途地域と現実の土地利用は必ずしも一致するものではない。例えば、かつて工業利用が多かった地域であっても、交通の便が比較的よい地域であり住宅の立地が進んでいるといったように、都市計画の用途地域が工業系であっても、現実には住宅利用が多い地域を形成している場合などがある。

　都市計画の用途地域が土地利用の方向づけをしている以上、用途地区の区分にあたっては都市計画の用途地域も参考とすべきである。ただし、用途地区区分を都市計画の用途地域と必ずしも合わせるべきものではなく、現況に基づく判断を行うことが重要である。すなわち、固定資産税評価は、土地価格が現実の用途に応じて形成されることに対応して画地計算附表の補正率を用途地区別に区分しているのであるから、用途地区の区分にあたっては、現実の土地利用に即した区分を行う必要がある。

⑥課税標準（特に住宅用地の特例の適用）との関係について

　当然であるが、固定資産税評価における用途地区の区分と、課税標準（特に住宅用地の特例の適用）は全くの別物である。

　例えば、普通住宅地区に所在する店舗の敷地は非住宅用地であり、住宅用地の特例は適用されない。一方で、普通商業地区に所在する住宅の敷地には

住宅用地の特例は適用される。

　納税義務者に誤解されないよう、この点を明確に説明することが必要である。

（2）状況類似地域の区分

　状況類似地域とは、評価基準によると、（1）で区分した用途地区をさらに街路の状況、公共施設等の接近の状況、家屋の疎密度その他の宅地の利用上の便等からみて相当に相違する地域ごとに区分した地域をいう。区分に際しての参考を示せば下図のとおりである。なお、家屋の疎密度による区分は立体利用による区分（土地を上下にわたって利用している程度）と平面利用による区分（敷地の建蔽率や空地等の多寡の程度）に分かれる。

図表1－2－5　街路の状況による区分

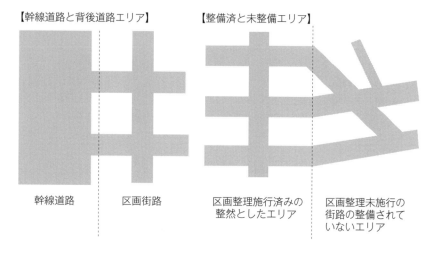

図表1－2－6　公共施設等の接近の状況による区分

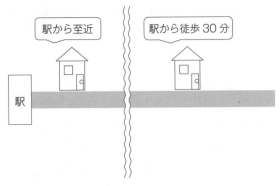

図表1－2－7　家屋の疎密度

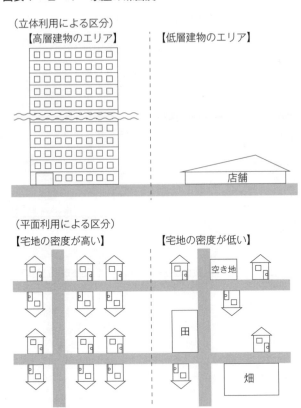

実務的には、上記の観点に加えて、状況類似地域の区分に際しては価格事情の相違の程度に留意することが多いと考えられる。これは、「固定資産評価基準の取扱いについて（依命通達）（昭和38年12月25日　自治乙固発第30号　各都道府県知事宛　自治事務次官通達）」において、標準宅地は、相互の価格差が２割程度の地域ごとに選定することを目途とすることが記載されていることによるものと考える。

　確かに、価格事情の相違の程度に留意のうえ状況類似地域の区分を行うことは有用であるが、これのみに拘泥して状況類似地域を区分する必要はない。固定資産税評価の終局的な目的は、評価基準に準拠しつつ適正な時価を評定することであり、仮に状況類似地域内の価格差が２割を超えたとしても、路線価付設【路線で考慮する要因グループ】や画地計算【画地で考慮する要因グループ】の各段階において、状況類似地域内における土地の需給動向や環境要因の相違を反映すれば、この目的は達せられるからである。

　　固定資産評価基準の取扱いについて（依命通達）（昭和38年12月25日　自治乙固発第30号　各都道府県知事宛　自治事務次官通達）

> なお、標準宅地は、一般的には、宅地の価格事情からみて相互の価格差が２割程度の地域ごとに選定することを目途とすることが適当であること。

　※当該通達は現在は廃止されている。

　令和６基準年度評価替えに際して総務省から発文された留意事項においても、標準地間の価格差を考慮することの重要性に触れながら、価格形成要因の類似性、固定資産税評価に係るコスト削減や事務負担の軽減等の観点からも、必要に応じて状況類似地域のあり方について検討する必要性が言及されている。

　これは、評価基準に準拠しつつ適正な時価を評定することと矛盾するもの

ではなく、路線価付設【路線で考慮する要因グループ】や画地計算【画地で考慮する要因グループ】の各段階において、状況類似地域内における土地の需給動向や環境要因の相違を反映すれば達せられるものであることを重ねて申し上げる。

令和6年度固定資産の評価替えに関する留意事項について（総税評第15号　令和4年5月23日）

> （4）地区区分の見直し
> （2）により把握した地域別利用状況の変化及び地価動向等に基づき、用途地区、状況類似地区（域）の見直しを行うこと。その際、標準地間の価格差の状況を見極めつつ、都市計画法（昭和43年法律第100号）の地域地区区分及び不動産鑑定士又は不動産鑑定士補（以下「不動産鑑定士等」という。）の意見等も参考にすること。また、状況類似地区（域）内で異なる価格変動が生じ、標準地からの比準では対応が困難な場合等は、地価動向を踏まえ適切に状況類似地区（域）の区分を行う必要があることに留意すること。一方、固定資産税評価に係る事務負担の軽減等の観点からも、相互に近接する状況類似地区（域）間で価格形成の要因が類似し、価格に大きな差がないと認められる場合にはその統合を検討する等、必要に応じて、状況類似地区（域）のあり方について検討すること。

　ただし、土地の需給動向や環境要因の相違といった、定性的な要因に起因して生じる価格事情の相違の程度を路線価付設や画地計算の段階において反映させる際は、納税者に対する説明責任の観点からも、地域に精通した鑑定士等の専門家の助言をふまえて、状況類似地域内における価格差を適切に反映させる必要がある点には留意が必要である。

　なお、状況類似地域境を判別するために、各市町村が作成する路線価図等

において状況類似地域界を明示する場合があるが、状況類似地域界は必ずしも筆界と一致させる必要はない。その理由は、図示された状況類似地域界は抽象的なものであり、評価額の計算に影響しないためである。つまり、路線価がその属する用途地区の比準表に適用され画地の評点がその属する用途地区の補正率で計算されることが、評価の適正性確保に重要なのであり、図面上に簡略的に表示することは、評価の適否には関わりがないためである。また、仮に筆界と一致させる場合、分合筆の度に状況類似地域界をメンテナンスしなければならなくなり、不必要に作業負担が増すことで、本来、より重視しなければならない作業が行えなくなってしまう。総務省発文の留意事項でも言及されている事務負担の軽減の観点からも同様のことがいえよう。

（3）主要な街路・標準宅地の選定、標準宅地の適正な時価の評定

詳細は第2篇「標準宅地の鑑定評価」で後掲する。

（4）主要な街路及びその他の街路の路線価の付設（路線価比準について）

①主要な街路の路線価の付設

詳細は第2篇「標準宅地の鑑定評価」で後掲する。

②その他の街路の路線価の付設（路線価比準について）

その他の街路の路線価は、評価基準では「主要な街路の路線価を基礎とし、主要な街路に沿接する標準宅地とその他の街路に沿接する宅地との間における街路の状況、公共施設等の接近の状況、家屋の疎密度その他の宅地の利用上の便等の相違を総合的に考慮して付設する」と定められているのみであり、具体的な評定方法は記載されていない。

以下、主要な街路とその他の街路の相違を考慮し路線価を付設する作業を「路線価比準」といい、路線価付設を行う際に価格形成要因ごとの比準格差率を求めるために用意された比準表を「路線価比準表」という。

路線価比準表に採用する価格形成要因の例と価格形成要因ごとの主なチェ

ックポイントは次のとおりである。

（A）街路条件
　ａ．道路幅員について
　道路幅員は、一般に土地価格に大きな影響を与えるが、その内容は街路条件的要素、環境条件的要素及び行政条件的要素に分けられる。道路幅員は土地価格形成の基本的な要素であり、路線価比準表として採用されることが多い。

［街路条件的要素（交通機能）］
　住宅地において、一定以上の道路幅員は車両の通行を円滑にするとともに、歩道等の設置が可能となれば歩行者の安全性を高める場合もある。
　商業地においても、一定以上の道路幅員は車両の通行を円滑にし、顧客の利用の便を高める。
　工業地においては、原材料、製品等を輸送する大型車両の通行の可否が輸送費の多寡等を左右するので、道路幅員が広いほうが利便性は高まる。

［環境条件的要素（快適性・繁華性）］
　住宅地においては、一定以上の道路幅員は日照・通風にプラスの影響を与えるとともに街並みを整え快適性を高める。ただし、道路幅員が広いほど快適性が高まるとは限らず、系統がよく道路幅員が広すぎる場合には、車両通行量の増加による危険や騒音、振動等から住宅地としての快適性を阻害する場合もある。この場合、下記のb.からe.といった価格形成要因として路線価比準表を作成して考慮する、または前記（２）のように状況類似地域を区分（【地域で考慮する要因グループ】）することも考えられる。
　商業地においては、中央分離帯等の商況を分断する要素の有無にもよるが、一定以上の道路幅員は車両や歩行者の通行量の増加に寄与し、繁華性を高める。特に沿道サービス型の商業施設にとっては、道路幅員が広いほど通常は

車両の通行量が多くなることから一般に収益性も高くなる。

[行政条件的要素（建築規制）]

　建築基準法では原則として道路幅員4m以上の道路に2m以上接しなければ建築物の建築はできないため、最低限の道路幅員は宅地としての基本的な要件の一つである。

　なお、都市の骨格を形成する幹線道路と、それ以外の道路（例えば、幹線道路背後の住宅地に存する道路）の間において道路幅員の差が認められる場合があるが、これらの要素は単に道路幅員の差だけでは捉えきれない場合がある。この場合、下記のb.からe.といった価格形成要因として路線価比準表を作成して考慮する、または前記（2）のように状況類似地域を区分（【地域で考慮する要因グループ】）することも考えられる。

　また、道路幅員の測定に際しては、街路条件的要素（交通機能）を重視して、通行可能な範囲をもって測定する場合が多いと思われるが、上記のとおり、道路幅員は環境条件的要素及び行政条件的要素も含めた価格形成要因であることに留意のうえ、測定を行うことが重要である。

　b．舗装について

　多くの道路は舗装がなされているなか、舗装のない道路については車輌通行上の利便性等の側面を通じた減価が生じ、土地価格に影響を及ぼす場合がある。また、舗装の有無については現地確認も比較的容易であることから路線価比準表に採用されることが多い。

　なお、顧客誘引力を通じた繁華性等にも影響を与え、環境条件的要素に作用する場合もあり、商業系用途地区においてはインターロッキング等の特殊な舗装と通常のアスファルト舗装が区別されている場合があるが、特殊な舗装を行っている商店街の繁華性が必ずしも高いとは限らないため留意が必要である。

c．歩道 について

　歩道は、歩行者の安全性に影響を与え、当該街路を利用する土地所有者にとっては快適性に影響を与え、土地価格に影響を及ぼす場合がある。また、歩道の有無については現地確認が比較的容易であることから路線価比準表に採用されることが多い。

　なお、下記のd.のうち、系統の優劣に係る代替要因として採用される場合もあるが、この場合には歩道と系統で二重に考慮することがないように留意する必要がある。

d．系統及び連続性 について

　系統及び連続性は、地域中心や駅等へ連絡する幹線街路であるか、区画街路であるか、行き止まり街路であるか等の区分であり、街路による利便に差異を生じるとともに地域の発展性に影響し、土地価格に影響を及ぼす場合があるため、路線価比準表に採用されることがある。

　ただし、系統については客観的判断が困難な場合があるため、道路の種別（公道・私道の別等）、道路幅員、歩道の有無等により、系統に係る格差を客観的に代替する場合もある。

　連続性については、通り抜け可能か、行止まりか等、客観的判断が可能となるような工夫をするなどの対応が必要である。この場合、「人の通行可否」または「車両の通行可否」のどちらに主眼を置くかによって、測定結果が異なる（例：人の通り抜けは可能だが、車両の通り抜けはできない街路）ため、各市町村の地域特性をふまえ、データ測定の条件を定める必要がある。

e．道路勾配（地勢または傾斜）

　道路勾配については、地域的な「地勢」から、道路としての「坂道」、個々の土地に係る「高低差」まで、様々な範囲で捉えられる。このような【地域で考慮する要因グループ】、【街路（路線）で考慮する要因グループ】及び【画地で考慮する要因グループ】の各段階で影響を及ぼす価格形成要因は、

固定資産税評価の流れにおいて重複または漏れのない考慮を行うことが難しい傾向にある。路線価比準表として採用する場合には、各要因グループをまたいで二重に考慮することがないように留意する必要がある。

　例えば、道路勾配（地勢または傾斜）が概ね同程度の地域（例：傾斜地に切り開かれた住宅団地等）を１つの状況類似地域として区分しているのであれば、道路勾配による土地の利用困難性は状況類似地域（【地域で考慮する要因グループ】）において考慮されているため、特別の事情が存しない限りは、路線価比準表（【街路（路線）で考慮する要因グループ】）において別途考慮する必要はない。

（B）交通・接近条件

a．最寄り駅（バス停）への距離

　最寄り駅への距離は、鉄道を要として発展する都市部では、駅を中心として同心円的に都市形成される傾向にあり、土地価格に影響を与える場合がある。一方で、郊外部においては自動車が主要な交通手段となっており、最寄り駅への距離が土地価格に影響しない場合もある。最寄り駅への距離を路線価比準表として採用する場合には地域の特性に留意する必要がある。

　バス停への距離は、バス利用の便益を左右し、土地価格に影響を与える場合があるが、最寄り駅への距離と比べ、バス利用の便に係る土地価格への影響度は小さく、状況類似地域（標準宅地）間で価格差を生じる価格形成要因ではあっても、同一状況類似地域内の路線間ではそれほどの影響がみられない場合もある。路線価比準表として採用する場合には、最寄り駅への距離以上に地域の特性に留意が必要である。

　なお、近年バス運行路線区域内であれば、バス停に限らず任意の場所で自由にバスに乗降できるフリー乗降システムが導入されている地域もあるが、このような運行システムが採用されているバス路線については、価格形成要因としてのバス停への距離の重要性が低下するため、バス停への距離を路線価比準表として採用している市町村については、バス運行形式の変更の有無

も含めて慎重に把握を行う必要がある。

b．最寄り商店街（商業施設）への接近性

　住宅地においては、日常生活の需要を満たすに足りる商店街または大型店との位置関係により、その利便性が左右され、土地価格に影響を及ぼす場合がある。しかし、昨今では、駅からの徒歩・自転車圏における駅付近の商店街を中心とした購買圏と、駅から比較的遠い地域における自動車による大型店での買い物を前提とした購買圏との複合関係にあり、土地価格への影響の態様は様々である。

　商業地においては、駅前商業地の場合は、一般に駅が商業中心になると考えられ、駅距離の格差と複合するケースも考えられる。郊外幹線商業地の場合は、ある定点を中心とした商業地域構成よりも、ある範囲において幹線型の店舗が連続する繁華性の高い商業地域構成がなされる場合が多いと考えられ、定点距離で適正な格差を付けることは難しい場合もある。

　以上より、最寄り商店街（商業施設）への接近性を路線価比準表として採用する場合には、地域の特性を十分に分析したうえで採用の可否について検討する必要がある。

c．高速道路インターチェンジへの接近性

　高速道路インターチェンジに接近している場合、移動時間の短縮が可能となるため、土地価格に影響を及ぼす場合がある。特に、工業地（物流用地含む）については、トラックによる輸送時間などに直結し、事業運営における収益性に直結するため、路線価比準表として採用される場合がある。

　なお、近年高速道路のサービスエリア内にスマートインターチェンジが設置されるケースがあるが、乗降可能な車両について一定の制約が課されている（例：車両へのETC設置が必要、車両全長○○mまで等）場合があり、近接する工場地への経路としてスマートインターチェンジが使われるとは限らないため、路線価比準表として採用する場合においても、どのようなインター

チェンジを採用するのか、慎重に検討する必要がある。

（C）環境条件

ａ．日照、通風、温度、湿度、景観、地盤、地勢等 について

　鑑定評価基準及び国土交通省の土地価格比準表にも明示されており、土地価格に影響する場合もあるが、その影響の程度については客観的かつ的確に数値化することが困難な場合がある。鑑定評価の実務においては、これら各種の要素を包含し「住環境」として総合的に取り扱う場合が多い。

　これらの価格形成要因は、通常、標準宅地の鑑定評価（【地域で考慮する要因グループ】）において織り込まれている。ただし、状況類似地域の範囲が広範に及び、標準宅地の存する主要な街路とその他の街路が離れて所在し、主要な街路とその他の街路に相違が認められ土地価格に影響を及ぼす場合においては、路線価比準表に採用することも考えられる。

ｂ．供給処理施設（上水道、下水道、都市ガス等）について

　供給処理施設の整備の度合いは、住生活等の便益への影響を通じて土地価格に影響を与える場合がある。供給処理施設の整備は一般に広域に及ぶことから、通常、これらの価格形成要因は標準宅地の鑑定評価（【地域で考慮する要因グループ】）において織り込まれている。ただし、状況類似地域内において、供給処理施設の整備状況が異なる場合は、供給処理施設を路線価比準表として採用することも考えられる。

　なお、供給処理施設（上水道、下水道、都市ガス等）の有無は、各供給処理施設に係る管路の有無によって判断することも考えられるが、供給エリア（処理区域）内に路線が所在する場合は、実際の管路付設の有無を問わず、供給可能となる蓋然性が高い場合は、「有り」と判断することも考えられる。

　また、都市ガスについてはプロパンガスやオール電化の対応によって代替可能であり、需要者の選好性によってどのように利用されるか分からないことも多く、地域によっては価格形成要因として強く作用しないことも考えら

れるため、地域の特性をふまえて路線価比準表としての採用要否を検討する必要がある。

c．危険・嫌悪施設について

　変電所、ガスタンク、汚水処理場、火葬場、墓地等の危険・嫌悪施設が存在する場合、市場性（心理的嫌悪感）減価により土地価格への影響を生じる場合がある。危険・嫌悪施設の影響は、通常、標準宅地の鑑定評価（【地域で考慮する要因グループ】）において織り込まれている。ただし、状況類似地域の範囲が広範に及び、標準宅地の存する主要な街路とその他の街路が離れて所在し、主要な街路とその他の街路に相違が認められ土地価格に影響を及ぼす場合においては、路線価比準表に採用することも考えられる。

　なお、墓地等のように、見えるか否かによってその減価が異なる要因については、その判断が容易でないことから、路線価比準表として採用する場合には留意が必要である。

　また、危険・嫌悪施設については【画地で考慮する要因グループ】において考慮される場合もあるので、重複して考慮することがないように留意する必要がある。

（D）行政的条件
a．容積率 について

　土地に建築する家屋にいかほどの床面積を確保し得るかは容積率によって左右され、土地価格に影響する場合がある。ただし、都市部のように家屋の高度利用が図られている地域においては容積率の多寡が土地利用に直接影響する場合があるのに対し、郊外部のように必ずしも家屋の高度利用を図らない地域においては容積率の多寡は問題とならない場合もあるため、路線価比準表として採用する場合は地域の特性に留意する必要がある。

　なお、建築可能な床面積を規定するのは、都市計画法に定められた容積率と、前面道路幅員による制約等を受けて当該土地に適用される容積率制限の

うち、いずれか低いほうの容積率、すなわち基準容積率であることに留意する必要がある。

b．用途地域について

都市計画法の用途地域の指定にしたがい、建築基準法による用途地域に応じた建築物の用途制限が行われるが、当該用途制限は土地の用途の多様性を制限するため、土地価格へ影響を与える場合がある。ただし、状況類似地域の区分（【地域で考慮する要因グループ】）において、当該用途地域の相違による用途の多様性を考慮した区分がなされている場合には、路線価比準表において二重に考慮する必要はない。

（E）その他

路線価比準表は、各市町村において土地の価格に一般的に影響を与えると考えられる価格形成要因に着目して作成されているため、路線価比準表だけでは考慮し難い特別の事情を含む路線が生じる可能性がある。採用した路線価比準表の適用格差に織り込むことができなかった要素が土地価格に影響を及ぼし路線価の不均衡が生じる場合については、根拠を明らかにしたうえで個別に補正する必要がある。ただし、他の路線価比準表で採用した要因項目とは異なり、この補正を適用する場合の具体的な場面は一様ではないだけに、無秩序な適用を避け鑑定士等の専門家の意見を求めるなど、可能な限り根拠を明確にした運用が求められる。

（5）各筆（画地）の評点数の付設（画地計算法について）

各筆（画地）の評点数の付設に際しては画地計算法を適用するが、評価基準の別表第3に定められている補正率は下記①〜⑦に記載の補正率のみである。

市町村の宅地の状況に応じて、必要があるときは画地計算法の附表等について所要の補正を行うとされているが、所要の補正については第3章で後掲

することとし、ここでは別表第3及び附表1～9について整理する。

①奥行価格補正割合法

　一般的に、土地の利用はその地域における標準的な利用を実現するために必要な奥行を有することで、その効用を最大限に発揮する。固定資産税評価においても、各用途地区の標準的な奥行よりも短いまたは長い土地については、その効用が最大限に発揮できない点を考慮して、奥行価格補正割合法を適用している。

　奥行価格補正割合法を適用する理由は上記のとおりであるが、補正を適用する理由を奥行距離の長さに分けて整理すると次の2つに大別される。

（A）奥行距離が長い場合

ａ．規模が大きくなることによる減価

　間口と奥行の比率が概ね一定であるという前提に立てば、奥行距離が長くなるにしたがい土地の規模は大きくなる。地域における標準的な土地の規模を超える土地については、需要者が限定されることや取引に際して総額が嵩むことによる市場性の減退が認められる場合がある。

　そこで、地域における標準的な奥行距離よりも長い土地については、奥行価格補正割合法を適用することで、市場性の減退に伴う減価を一定程度考慮することとしている。

図表1－2－8　規模が大きくなることによる減価イメージ

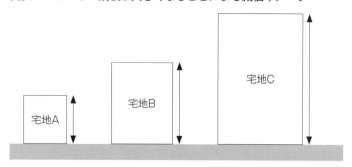

b．効用が低減することによる減価

　地域の標準的な奥行距離よりも長い土地は、正面街路の効用を土地全体として享受できない場合がある。すなわち、地域の標準的な奥行距離に比して奥行距離が長くなるにしたがい、宅地の価格は低減していく場合がある。

　そこで、地域における標準的な奥行距離よりも長い土地については、奥行価格補正割合法を適用することで、宅地価格の低減の程度を一定程度考慮することとしている。

　下図は、宅地Aについては奥行距離が標準的であることで、正面街路の効用を十分に享受しているが、宅地Bについては奥行距離が標準より長いため、正面街路の効用を十分に享受できていないことを矢印線で表している。

図表1－2－9　奥行距離が長くなるにしたがって効用が低減するイメージ

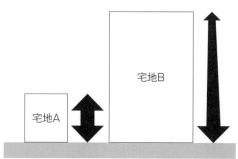

（B）奥行距離が短い場合

　地域の標準的な奥行距離よりも短い土地は、地域における標準的な建物利用が阻害され、正面街路の効用を土地全体として享受できない場合がある。すなわち、地域の標準的な奥行距離に比して奥行距離が短くなるにしたがい、宅地の価格は低減していく場合がある。

　そこで、地域における標準的な奥行距離よりも短い土地については、奥行価格補正割合法を適用することで、宅地価格の低減の程度を一定程度考慮することとしている。

　下図は、宅地Aについては奥行距離が標準的であることで、正面街路の効用を十分に享受しているが、宅地Bについては奥行距離が標準より短いため、正面街路の効用を十分に享受できていないことを矢印線で表している。

図表１－２－10　奥行距離が短くなるにしたがって効用が低減するイメージ

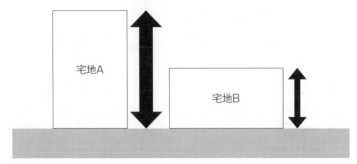

②側方路線影響加算法

　一般に、一方においてのみ街路（路線）に接する土地（以下、「中間画地」という）に比べて、正面と側方の街路（路線）に接する土地（以下、「角地」という）は、主に次の３点から土地利用において効用増となり、土地価格にプラスの影響を与える。

図表1－2－11　中間画地と角地

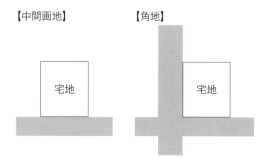

【中間画地】　　　　　　【角地】

　固定資産税評価においても、このプラスの影響を反映することをふまえて、側方路線影響加算法を適用している。

（A）日照、通風及び乾湿

　特に住宅地区については、日照・通風といった居住の快適性にプラスの影響を与えるため、増価要因となる。

（B）出入りの便、視認性

　出入りの利便性の向上、設計上の多様性、避難経路の確保等から増価要因となる。特に商業地区については、顧客の視認性や流動性の増加を通じて収益性の増大に寄与するため、増価の程度が大きくなる。

　ただし、住宅地区については、中間画地に比して交通量の増加などが懸念される場合、安全面や騒音の面から減価要因となる場合もある。

（C）公法上の規制

　建蔽率が緩和されること等から増価要因となる。

　なお、一系統の街路（路線）の屈折部の内側に接する場合を準角地という。準角地は角地に比して土地価格にプラスの影響を与える程度が小さいため、

評価基準に定められたプラスの補正率は角地に比して小さい率となっている。

図表1－2－12　角地と準角地

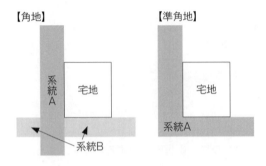

③二方路線影響加算法

　一般に、中間画地に比べて、正面と正面以外の2つの街路（路線）に接する土地（以下、「二方路地」という）は、角地と同様の理由から土地価格にプラスの影響を与える。ただし、二方路地は2つの街路（路線）にはさまれた土地であるのに対して、角地は異なる二系統の路線が交叉している点で、角地と比して土地価格に与えるプラスの影響の程度は小さいため、評価基準に定められたプラスの補正率は角地に比して小さい率となっている。

図表1－2－13　中間画地と二方路地

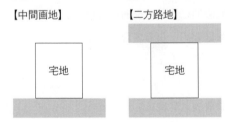

④不整形地評点算出法

　不整形な土地（以下、「不整形地」という）は、整形な土地と比較して、建物配置の制約等により敷地の利用効率が劣り、土地価格にマイナスの影響を与える場合がある。固定資産税評価においても、このマイナスの影響を反映することをふまえて、不整形地評点算出法を適用している。

　なお、評価基準においては、形状を前提とした不整形地に係る明確な定義はないが、評価基準別表第３の７（１）①において、「不整形地の価額については、整形地に比して一般に低くなるものであるので、…」と記載されているとおり、価額（経済価値）の側面から判断すれば、整形地と比してその価額（経済価値）が劣る土地といえる。

　また、基準解説においては「不整形地とは、原則として普通地、準普通地、正台形地、正L字形地及び路線となす角が大きい平行四辺形地等を除いたもので、路線に一辺又は数辺が接する多辺整形の画地である」と形状を前提とした定義が示されており、定義に基づき不整形地から除外される土地を例示すれば次のとおりである。

図表１－２－14　基準解説における不整形地から除外される土地の例示

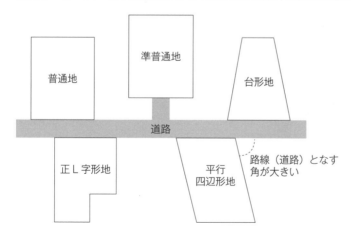

不整形地の判定にあたっては、整形地と比較した経済価値の下落の程度や、基準解説において不整形地として定義された形状等を総合的に勘案して不整形地か否かを判定する必要がある。

　このほか、固定資産税評価において不整形地であることによる減価の反映方法を検討すると、評価基準上、不整形地補正率を求める方法として、「蔭地割合方式」及び「不整形度合いを判定する方式」が認められている。

（A）蔭地割合方式

　「蔭地割合方式」における不整形地補正率算定は、評価対象画地と評価対象画地を囲む、正面路線に面する矩形または正方形の土地（以下、「想定整形地」という）の地積を求め、下記の算式により「蔭地割合」を算出し、次に評価基準附表4の不整形地補正率表を基に、算出された蔭地割合及び評価対象画地の所在する用途地区区分に応じた補正率を適用する方法による。

図表1－2－15　蔭地割合の算出方法

蔭地割合　＝（想定整形地の地積－評価対象画地の地積）÷想定整形地の地積

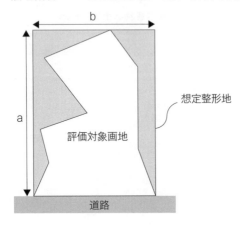

（B）不整形度合いを判定する方式

　評価対象画地が所在する用途地区の標準的な画地の形状・規模からみて、

不整形度（「普通」から「極端に不整形」まで）を判断して、評価基準附表4の不整形地補正率表を基に、判断された不整形度及び評価対象画地の所在する用途地区区分に応じた補正率を適用する。

なお、「不整形度合いを判定する方法」については、固定資産税業務に従事する各担当者の判断を基に決定することになるが、各担当者の裁量に委ねることで、市町村内の各土地について評価の不均衡が発生する可能性がある。したがって、不整形度の判定にあたっては、様々な不整形地の評価実例について鑑定士等の専門家の意見を徴するなど、不整形度を判定するための一定の参考例を評価事務取扱要領等に明示し、市町村内で均衡のとれた評価を行うことが望ましい。

⑤間口が狭小な宅地等評点算出法

間口が狭小な宅地等の評価にあたっては、間口狭小補正率または奥行長大補正率を適用することが定められている。

（A）間口狭小補正率

地域の標準的な間口距離よりも狭い土地は、特に住宅地区については日照・通風等の点から居住の快適性にマイナスの影響を与えるほか、各用途地区においても、出入りの利便性及び建築物設計上の多様性の低下により避難経路の確保の困難性等が認められることから、減価要因となる。

（B）奥行長大補正率

間口に比して奥行が長大な土地は、地域における標準的な間口奥行比を有する土地と比較して、間口狭小補正率と同様の理由から土地価格にマイナスの影響を与える。

なお、絶対的な間口距離が一定程度あると推定される大工場地区や、建物の高度利用によって間口奥行比の影響を受けないと推定される高度商業地区Ⅰについては、奥行長大補正率表は、どの段階においても1.0と定められて

いることに留意する必要がある。

　また、奥行距離が長くなることによる減価や間口距離が狭小であることによる減価は、前記のとおり奥行価格補正割合法や間口狭小補正率表において考慮されることになるため、奥行長大補正率はあくまでも間口と奥行の割合の不均衡による減価を考慮している補正であることを認識する必要がある。

　さらに、間口狭小補正率、不整形地補正率及び奥行長大補正率の関係を整理すると、評価基準上は「間口狭小補正×奥行長大補正」と「間口狭小補正×不整形地補正」の、より小さいほうが採用されることから、奥行長大補正は広い意味で不整形地補正率と同様に形状に関する減価といえる。

図表1−2−16　奥行長大補正率と不整形地補正率の関係

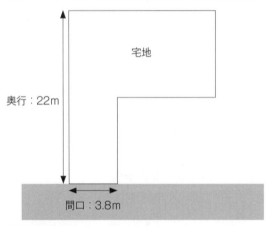

宅地

奥行：22m

間口：3.8m

【普通住宅地区】
　間口狭小補正率：0.90（4m未満）
　奥行長大補正率：0.92（22m÷3.8m≒5.78）
　不整形地補正率：0.88（蔭地割合方式を採用し、蔭地割合35％と仮定）

間口狭小補正率：0.90 × 奥行長大補正率：0.92 ＝0.828（不採用）	＞	間口狭小補正率：0.90 × 不整形地補正率：0.88 ＝0.792（採用）

⑥がけ地補正率表

がけ地補正率は、基準解説においては、「がけ地等の補正」として「宅地については、がけ地等で通常の用に供することができない部分を有する画地にあっては、その宅地の利用価値は減少し、がけ地等ではない場合を想定して求めた評点について相応の補正を必要とするものであり…」と書かれているとおり、がけ地のみではなく、通常の用に供することができない部分を有する土地についても適用可能な補正として定義されている。

図表１−２−17　がけ地補正率の適用イメージ

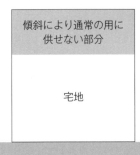

例えば、公法上の制約により、敷地の一部について通常の利用ができない部分が認められる場合、がけ地等の「等」に該当するものとして、がけ地補正率表を適用することもできると考える。もっとも、「通常の用に供することができない」ことが前提であり、利用制限が一時的に留まる場合など、「通常の用に供することができない」とまではいえない場合、がけ地補正率表を適用してしまうと過大な減価となってしまうことがある。また、工場団地内の敷地で、条例などによって緑地の付置が求められる場合において、敷地内の法面などを緑地として利用しているようなときがあるが、このような場合、標準宅地として選定されている宅地についても緑地の付置がなされているときには、標準宅地の鑑定評価の段階において、緑地の付置が必要であることによる減価は織り込まれているといえるため、画地計算の段階において、さ

らにがけ地補正率表を適用して減価する必要はない。また、条例などによってこのような緑地の付置が求められていないとしても、建蔽率などの観点から敷地全体を建物敷地として利用できる訳ではないため、工場敷地のような比較的規模の大きな土地については、仮に敷地の一部に法面部分などが存したとしても、がけ地補正率表の適用は慎重に検討する必要がある。さらに敷地の一部に傾斜が認められるような場合でも、庭園などとして宅地の一部として有効利用されているといえるようなときは、がけ地補正率表の適用は慎重に検討する必要がある。

⑦無道路地評価（通路開設補正率、無道路地補正率）

　一般に、無道路地とは「他の土地に囲まれて公道に通じない土地」（民法第210条）をイメージするが、固定資産税評価（市街地宅地評価法適用エリアに限る）における無道路地は「路線に全く接しない土地」をいう。

　固定資産税評価における無道路地も、一般的なイメージと合致することが多いと思われるが、例えば道路の幅員4m以上の建築基準法上の道路に接する建築可能な土地であっても、当該街路に路線価が付設されていなければ固定資産税評価上は無道路地となる。したがって、このような土地を無道路地として過剰に減価することを避けるためにも、必要に応じて路線価を付設し適切に評価を行うことが必要である。一方で、建築基準法上の道路に接しない建築困難な土地であっても、通路などに路線価が付設され、これに接していれば無道路地とはならない。ただし、この場合は状況類似地域内の標準宅地も同様の状況であること、または付設した路線価が建築困難であることを考慮した路線価となっていること、もしくは画地計算において所要の補正によって建築困難性を考慮した補正が適用されていることが必要である。

　無道路地の評価は、評価基準によると「当該無道路地を利用する場合において、その利用上最も合理的であると認められる路線の路線価に奥行価格補正率表（附表1）によつて求めた補正率、通路開設補正率表（附表9）によつて求めた補正率及びその無道路地の近傍の宅地との均衡を考慮して定める

無道路地補正率（下限0.60）を乗じて１平方メートル当たりの評点数を求め、これに無道路地の地積を乗じてその評点数を求めるものとする。」こととしている。

図表１－２－18　無道路地評価の例

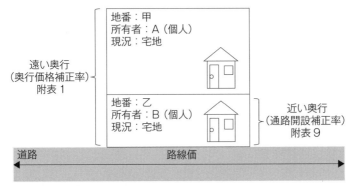

無道路地評価＝路線価×遠い奥行（奥行価格補正率）

×近い奥行（通路開設補正率）

×無道路地補正率（下限0.60）

　これは、建築基準法第43条で敷地と道路との接道関係について規定されているように、建築物の敷地として土地を利用しようとする場合においては、通路の開設が必要であり、これに要する費用やその不確実性を固定資産税評価においても反映する必要があるために設けられた評価の方法であるといえる。

建築基準法　第43条第１項　敷地等と道路との関係

> 建築物の敷地は、道路（次に掲げるものを除く。第四十四条第一項を除き、以下同じ。）に二メートル以上接しなければならない。

以上をふまえて、通路開設補正率、無道路地補正率を適用するに際しては次の点に留意する必要がある。

（A）通路開設補正率

通路開設補正率は文字どおり、通路を開設することにより無道路地状態を解消するために要する費用を考慮した補正率である。

図表１−２−19　通路開設のイメージ

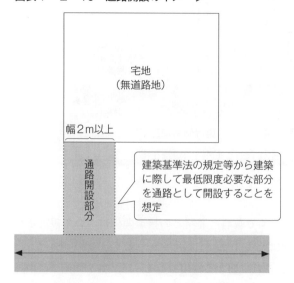

通路開設補正の適用に際して留意すべきは、図表１−２−18のように甲乙筆において所有者がA、Bと異なるような場合においては、通路の開設のための費用が必要となるが、所有関係によっては通路の開設に要する費用が不要な場合もあり、通路開設補正を適用することで過大な減価を行う可能性があるという点である。このような場合、所有関係によっては通路開設補正を適用しない、といった規定を評価要領などにおいて明記することにより、通路開設補正の適用を除外できることに留意されたい。

（B）無道路地補正率

　無道路地補正率は、通路開設が不確実であること、及び仮に通路開設したとしても、不整形な袋地状の土地となることを考慮した補正である。

　したがって、無道路地補正の適用は、通路開設後の形状を想定して適用する不整形地補正率を参考としつつ、下限を0.60として定めた補正といえる。

図表1－2－20　無道路地補正のイメージ

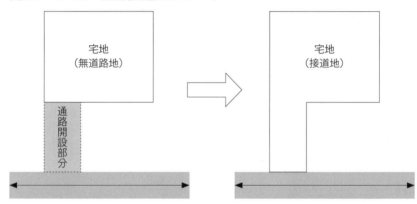

2．その他の宅地評価法

その他の宅地評価法は、市街地宅地評価法に対し、主として市街地的形態を形成するに至らない地域における宅地について適用される。

以下、その他の宅地評価法の評価フロー図である。

図表1－2－21　その他の宅地評価法の評価フロー

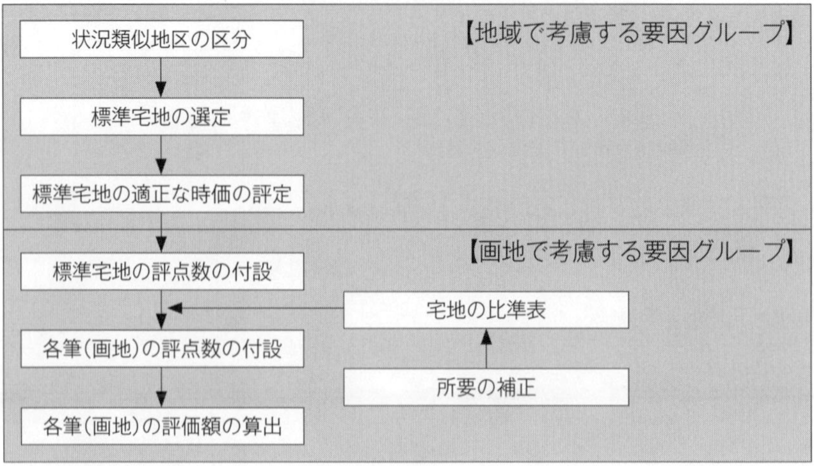

その他の宅地評価法は、市街地宅地評価法と比べて考慮すべき要因グループも少なく、路線価の付設を行わずに各筆（画地）の評価までを行う点が異なっている。これは市街地的な形態を形成していない地域においては、一般的に価格形成要因が少ない、または影響が弱いためである。

（1）状況類似地区の区分

状況類似地区の区分に際しては、市街地宅地評価法における状況類似地域の区分と概ね考え方は同様であるが、前記のとおり、その他の宅地評価法適用エリアは市街地的形態を形成していない地域であり、価格形成要因が少ないまたは影響が小さいため価格事情が極めてシンプルであり、その面積的な

範囲は状況類似地域に比して大きなものになる。

なお、基準解説によると、状況類似地区の区分は、利用状況による地区区分と、利用上の便による地区区分によって検討することになる。

①利用状況による地区区分

評価基準別表第4の宅地の比準表における奥行による比準割合のなかでは、状況類似地区の状況を以下のとおり整理していることから、状況類似地区の区分に際しては、宅地の比準割合に記載されている文言を意識することも有用であると考える。

例えば「商店が相当連たんしているとき」は、一般に「通り」に沿って帯状の形態をなし、比較的その範囲も狭いと考えられるが、「専用住宅が相当連たんしているとき」から「家屋の連たん度が低いとき」になるにしたがって、その範囲は広域的になると考えられる。

②利用上の便による地区区分

基準解説においては、利用上の便による地区区分は下図のとおり整理されているが、このうち、画地条件は主に下記（3）の宅地の比準において考慮することになると思われる。

図表1－2－22　利用上の便による地区区分

ア　道路条件
　　・・・道路の系統、性質、舗装の程度、勾配、幅員、交通量等
　　　　道路交通上の利用上の便否

イ　接近条件
　　・・・役場、郵便局、学校、鉄道の駅、バス等停車場及び商店
　　　　街等の交通又は公共施設等が接近していることによる利
　　　　用上の便否

ウ　宅地条件
　　・・・宅地の高低、乾湿、日照、降水量、都市計画法による用
　　　　途地域、建築基準法による規制等宅地自体の利用上の便
　　　　否

｝状況類似地区区分にて考慮する

エ　画地条件
　　・・・宅地の奥行、間口、面積、形状等の宅地の形質による利
　　　　用上の便否

｝宅地の比準表にて考慮する

（2）標準宅地の選定、適正な時価の評定及び評点数の付設

　詳細は第2篇「標準宅地の鑑定評価」で後掲する。

（3）各筆（画地）の評点数の付設（宅地の比準について）

　各筆の比準割合は「奥行による比準割合」、「形状等による比準割合」及び「その他の比準割合」をそれぞれ乗じることにより求める。

　なお、市街地宅地評価法における「補正」とその他の宅地評価法における「比準」は下図のとおり分けて理解する必要がある。

図表1－2－23　比準と補正の違い

比準	基準となるのは、特定の土地に係る個別性が反映された価格である。したがって、標準宅地が比準元となる場合には、標準価格ではなく鑑定評価価格が基準となる。土地と土地を相対的に比較して格差率を乗じるため、比準割合は1.00を上回る場合も下回る場合もある
補正	基準となるのは、抽象化された標準的な土地価格である。抽象化された標準的な土地価格とは、市街地宅地評価法における路線価であり、当該路線に沿接する標準的な土地の価格である。したがって、路線価を評定するために採用する標準宅地の価格は、鑑定評価価格ではなく標準価格となる。標準化された土地価格（路線価）を基準として各画地の評価を行う際には、考慮する要因に応じて、絶対的に加算または減価補正が行われ、相対比較は行わない

※鑑定評価価格、標準価格の詳細は第2篇「標準宅地の鑑定評価」で後掲する。

①奥行による比準割合

　状況類似地区の状況を「商店が相当連たんしているとき」と仮定した場合における奥行による比準割合は0.95である（図表1－2－24）。一方で比準宅地の状況が同様であっても、標準宅地が選定替えされ奥行が変更された場合における比準割合は1.00となる（図表1－2－25）。前記のとおり、補正ではなく比準であるため、選定する標準宅地の条件によって比準割合は変わることに改めて注意が必要である。

図表1-2-24 奥行による比準割合イメージ（標準宅地の奥行25m）

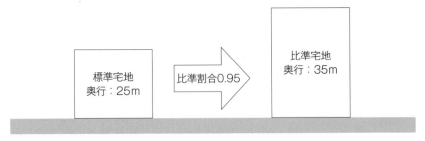

図表1-2-25 奥行による比準割合イメージ（標準宅地の奥行35m）

②形状等による比準割合

　不整形地に係る比準割合を前提とした場合においては、標準宅地と比準宅地の形状の関係に応じて、下図のような比準割合の適用となる。

　なお、標準宅地と比準宅地との関係によって、比準割合が異なるのは、奥行による比準割合と同様である。

図表1－2－26　形状による比準割合のイメージ

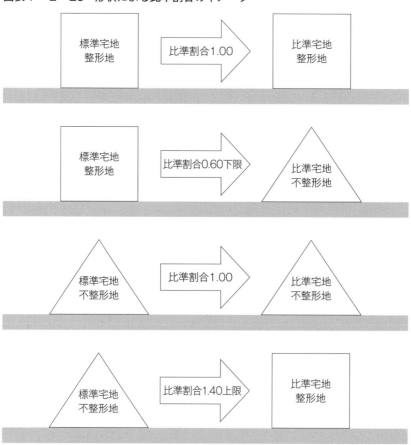

③その他の比準割合

　その他の比準割合として、例えば角地該当の有無を考慮するとした場合、まずは、市街地宅地評価法における側方路線影響加算率表を参考にしつつ、比準割合が乖離することのないように設定する必要がある。加えて、その他の宅地評価法は市街地宅地評価法と比較して価格形成要因が土地に与える影響は小さいと考えられるため、側方路線影響加算率表を上回ることがないように比準割合を設定することが一般的である。

図表１－２－27　その他の比準割合（角地の場合）

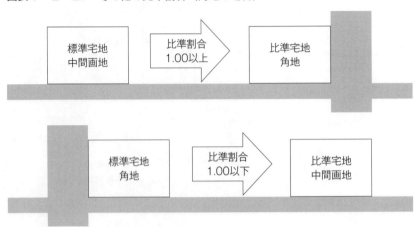

第 3 章

宅地の評価における所要の補正

　画地計算法の附表等に対する「所要の補正」は価格形成の実情に応じて各筆の宅地の評価額に不均衡が生ずると認められる場合に行うことができる。

　例えば、評価対象の宅地の状況（価格形成要因）が標準宅地と異なる場合で、その価格形成要因の差異が当該宅地の価格に著しい影響を及ぼし、周辺宅地の評価額との均衡を逸している場合である。

1．市街地宅地評価法と所要の補正

　「市街地宅地評価法」による場合は、状況類似地域の設定にはじまり、標準宅地の適正な時価の評定、路線価の付設と、地域における一定の価格水準を把握した後に、「画地計算法」を適用する。

　適用の際には、評価の対象となる画地の間口、奥行距離、形状、街路の状況等を把握し、評価基準に定める附表等を用いて各筆の評点数を付設することとなる。

　この段階で市町村長は宅地の状況に応じて必要があるときは別表第3「画地計算法」の附表等について所要の補正を行い、これを適用するものとされている（評価基準第1章第3節二（一）4）。

2．その他の宅地評価法と所要の補正

　「その他の宅地評価法」における比準項目としては、主に奥行、形状が示されている。これらの項目に係る比準割合は、画地計算法における奥行価格補正率表をはじめとする各補正率表との関連も考慮し作成されたものである。

　「その他の宅地評価法」を適用する地区は、市街地宅地評価法を適用すべき地域のように価格を構成する要素が多様でないため、評価基準に定められている比準表の内容は画地計算法に比べて比較的簡素なものとなっている。通常は比準表に取りあげられている奥行や形状等によって、一定程度考慮さ

れることとなる。

　この段階で、市町村長は宅地の状況に応じて必要があるときは別表第４「宅地の比準表」について所要の補正を行い、これを適用するものとされている（評価基準第１章第３節二（二）５）。

　また、比準項目の追加としては、状況類似地区の区分の際に考慮すべき道路条件、接近条件及び宅地条件の各要素のうち、共通的要素の薄いものとして考慮されなかった項目で宅地の価格に影響を及ぼすため必要と認められるものがある。

　ただし、市街地宅地評価法で所要の補正を行うのが、評価対象土地の価格事情を状況類似地域区分や路線価で反映できない場合であるのと同様に、その他の宅地評価法において所要の補正の適用を検討するにあたっては、まず状況類似地区の区分等が正しくなされ、地区内の価格水準を適切に表しているかを確認する必要がある。

３．鑑定評価における個別的要因の取扱い

　鑑定評価における個別的要因とは、「不動産に個別性を生じさせ、その価格を個別的に形成する要因（不動産鑑定評価基準等 第３章第３節）」をいう。

　鑑定評価基準では、宅地の評価にあたり考慮すべき個別的要因の例として、次の要因を用途的地域別に示している。

　固定資産税評価における所要の補正導入の検討に際しては、これら例示を参考とされたい。ただし、例えば「接面街路の幅員、構造等の状態」といった個別的要因は、固定資産税評価では路線価付設の段階で考慮することが一般的であるため、これら例示を参考とするにあたっては、画地固有の価格形成要因であるか否かを検討する必要がある。

＜住宅地の個別的要因例示＞

　地勢、地質、地盤等

　日照、通風及び乾湿

　間口、奥行、地積、形状等

高低、角地その他の接面街路との関係

　　接面街路の幅員、構造等の状態

　　接面街路の系統及び連続性

　　交通施設との距離

　　商業施設との接近の程度

　　公共施設、公益的施設等との接近の程度

　　汚水処理場等の嫌悪施設等との接近の程度

　　隣接不動産等周囲の状態

　　上下水道、ガス等の供給・処理施設の有無及びその利用の難易

　　情報通信基盤の利用の難易

　　埋蔵文化財及び地下埋設物の有無並びにその状態

　　土壌汚染の有無及びその状態

　　公法上及び私法上の規制、制約等

＜商業地の個別的要因例示＞

　　地勢、地質、地盤等

　　間口、奥行、地積、形状等

　　高低、角地その他の接面街路との関係

　　接面街路の幅員、構造等の状態

　　接面街路の系統及び連続性

　　商業地域の中心への接近性

　　主要交通機関との接近性

　　顧客の流動の状態との適合性

　　隣接不動産等周囲の状態

　　上下水道、ガス等の供給・処理施設の有無及びその利用の難易

　　情報通信基盤の利用の難易

　　埋蔵文化財及び地下埋設物の有無並びにその状態

　　土壌汚染の有無及びその状態

　　公法上及び私法上の規制、制約等

＜工業地の個別的要因例示＞

地勢、地質、地盤等

間口、奥行、地積、形状等

高低、角地その他の接面街路との関係

接面街路の幅員、構造等の状態

接面街路の系統及び連続性

従業員の通勤等のための主要交通機関との接近性

幹線道路、鉄道、港湾、空港等の輸送施設との位置関係

電力等の動力資源の状態及び引込の難易

用排水等の供給・処理施設の整備の必要性

上下水道、ガス等の供給・処理施設の有無及びその利用の難易

情報通信基盤の利用の難易

埋蔵文化財及び地下埋設物の有無並びにその状態

土壌汚染の有無及びその状態

公法上及び私法上の規制、制約等

４．所要の補正の適用状況

　資産評価情報によると、所要の補正項目ごとにみた適用市町村数（令和３基準年度）は下記のとおりである。

図表１－３－１　評価基準に定める補正率表に関する補正

	所要の補正項目	適用市町村数
1	画地計算法附表	450
2	宅地の比準表	376
3	その他の比準表	82

図表１－３－２　画地条件に関する補正

	所要の補正項目	適用市町村数
4	接面道路との高低差	631
5	接面道路の種別・構造等	322
6	用排水路等	629
7	横断歩道橋	186
8	大規模画地	245
9	過小土地	262
10	その他(傾斜地等)	173

図表１－３－３　環境条件に関する補正

	所要の補正項目	適用市町村数
11	騒音・振動等(新幹線)	79
	騒音・振動等(在来線)	202
	騒音・振動等 (高速道路及び幹線道路)	74
	騒音・振動等(航空機)	13
	騒音・振動等(その他)	37
12	いみ施設	185
13	悪臭	29
14	土壌汚染地	48
15	その他(接近条件等)	94

図表1－3－4　行政的条件に関する補正

	所要の補正項目	適用市町村数
16	規制区域（急傾斜地法）	212
	規制区域（航空法）	15
	規制区域（土砂災害警戒区域）	209
	規制区域（土砂災害特別警戒区域）	1090
	規制区域（津波災害警戒区域）	8
	規制区域（その他・河川区域等）	117
17	地下阻害物	174
18	地上阻害物	117
19	埋蔵文化財及び地下埋設物	34
20	セットバック	40
21	建築基準法上の規制等	240
22	高圧線下	709
23	市街化調整区域	226
24	土地区画整理事業	61
25	その他	146

図表1－3－5　宅地比準土地に関する補正

	所要の補正項目	適用市町村数
26	介在農地・市街化区域農地等	379
27	介在山林	199
28	その他の雑種地	724
29	その他の地目	100

図表1－3－6　その他補正

	所要の補正項目	適用市町村数
30	私道	832
31	鉄塔敷地	443
32	湿地・砂利等	42
33	港湾加算	27
34	都市計画施設の予定地に定められた宅地等	226
35	日照阻害を受ける住宅地区の宅地	142
36	その他（造成費等）	141

5．所要の補正導入に際しての留意事項

　補正率の適用方法等について、評価要領等の規定を整備する必要がある。東京都三鷹市における無道路地評価についての平成19年1月19日最高裁判決においては、評価基準と異なる評価方法を適用したことが妥当と判示された根拠として、当該評価方法が評価要領に規定されていたことが示されている。

　また、評価要領に規定する補正率については、地域の事情に精通した鑑定士等の専門家の意見を徴するなど、根拠となる調査資料を整備する必要がある。近年の審査申出においては、補正率の適用の妥当性を判断する資料として、補正率の根拠となった調査報告書等の提示を求められるケースもみられる。

【参考文献】
（1）固定資産税務研究会編「固定資産評価基準解説（土地篇）」令和3年発行版
（2）一般財団法人資産評価システム研究センター「資産評価情報」2021.11（245号）

第 **2** 篇

標準宅地の鑑定評価

第 1 章

固定資産税評価における不動産鑑定評価の活用の意義

　本章は、固定資産税評価において、鑑定評価を活用するとした背景とその位置づけについて解説する。

1．鑑定評価活用の根拠

　固定資産税評価において、土地基本法第16条「（現行法第17条）」の趣旨等をふまえて平成6年度以降の評価替えから、地価公示価格の7割を目途に評価の均衡化・適正化を図ることとされた。しかし、地価公示地点数が平成4年度時点では、約17千地点と限られていたことから、都道府県地価調査価格の活用をはじめ、平成6年度評価替え時で全国の約36万地点の標準宅地について、鑑定評価を活用することとなった。さらに、鑑定評価の活用は、平成9年度評価替えより評価基準に規定された。これは、鑑定士が地価公示を実施している区域にある土地の鑑定評価を行う場合には、地価公示価格との均衡に十分留意する必要があることから、標準宅地の鑑定評価価格（鑑定評価額の単価、以下同じ）を地価公示価格に準ずる価格として固定資産税評価に活用しようとする趣旨に基づく。

2．固定資産税評価と鑑定評価

　固定資産税評価は、同一の時点で同一の評価方法により、市町村内全域の不動産を評価する大量一括評価である。

　「市街地宅地評価法」を例とすれば、用途地区区分、状況類似地域の区分を行い、主要な街路の路線価、その他の街路の路線価評定を行った後に画地計算法によって各筆の評価を行う大量一括評価であり、賦課課税方式により課税する。このため、固定資産税評価は、統一的な基準によって評価の均衡を図ることが重要である。

　これに対して、鑑定評価は特定の不動産を評価対象とし、対象不動産の確

定と確認を行い、対象不動産に係る市場参加者の観点から地域分析及び個別的分析を行って最有効使用を判定し、鑑定評価の手法を適用してそれぞれの手法で求めた試算価格を調整のうえ、鑑定評価額を決定する。すなわち、鑑定評価は、対象不動産を中心に市場分析により最有効使用を判定し鑑定評価額を決定するものである。

　このように、固定資産税評価は「適正な時価」を求め、地価公示等における鑑定評価は「正常価格」を求めるものである。固定資産税評価における「適正な時価」の意義は、正常な条件の下において成立する取引価格をいうものと解されており、平成15年6月26日最高裁判決において「適正な時価とは、正常な条件の下に成立する当該土地の取引価格、すなわち、客観的な交換価値をいうと解される。したがって、土地課税台帳等に登録された価格が賦課期日における当該土地の客観的な交換価値を上回れば、当該価格の決定は違法となる。」と示されている。一方で、鑑定評価における「正常価格」とは、鑑定評価基準第5章の鑑定評価の基本的事項において、「市場性を有する不動産について、現実の社会経済情勢の下で合理的と考えられる条件を満たす市場で形成されるであろう市場価値を表示する適正な価格」であると定義されている。大量一括評価と個別評価という点において、固定資産税評価と鑑定評価における評価の視点は異なるが、評価基準第1章第12節「経過措置」で示すとおり、標準宅地における「適正な時価」と「正常価格」との関係は、算定上0.7を乗ずる違いはあるものの、基本的な意義は同じである。

評価基準第1章第12節「経過措置」

> 宅地の評価において、第3節二（一）3（1）及び第3節二（二）4の標準宅地の適正な時価を求める場合には、当分の間、基準年度の初日の属する年の前年の1月1日の地価公示法（昭和44年法律第49号）による地価公示価格及び不動産鑑定士又は不動産鑑定士補に

よる鑑定価格から求められた価格等を活用することとし、これらの価格の7割を目途として評定するものとする。この場合において、不動産鑑定士又は不動産鑑定士補による鑑定評価から求められた価格等を活用するに当たつては、全国及び都道府県単位の情報交換及び調整を十分に行うものとする。

図表1－1－1　固定資産税評価における鑑定評価価格等の活用

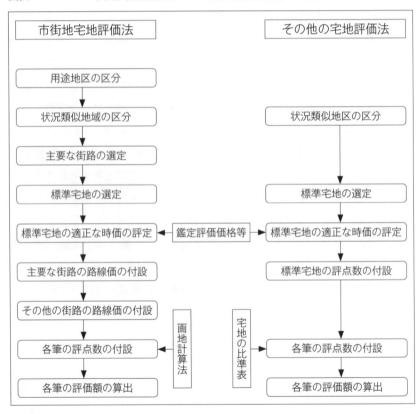

3．公的評価の比較

　地価公示、都道府県地価調査、相続税評価、固定資産税評価の公的土地評価について、根拠法、目的等についてまとめると図表１－１－２のとおりである。

図表１－１－２　公的評価の比較

区分	地価公示	都道府県地価調査	相続税評価	固定資産税評価
根拠法	地価公示法	国土利用計画法施行令	相続税法	地方税法
評価機関	国土交通省土地鑑定委員会	都道府県知事	国税局長	市町村長
目的等	1．一般の土地取引の指標 2．鑑定士の鑑定評価の規準 3．公共用地の取引価格の算定の基準	1．国土利用計画法による価格審査の基準 2．国土利用計画法に基づき土地の買取価格の算定基準 3．地価公示とほぼ同様の役割	相続税・贈与税課税	固定資産税課税
地目（土地の種類）	宅地、宅地見込地（山林等）	宅地、宅地見込地（山林等）	宅地、田、畑、山林、その他	宅地、田、畑、山林、その他
求める価格	正常な価格（地価公示法第2条第1項）	標準価格（国土利用計画法施行令第9条第1項）	時価（相続税法第22条）	適正な時価（地方税法第341条第5号）
価格時点（調査時点）	毎年1月1日	毎年7月1日	毎年1月1日	基準年度の前年の1月1日（標準宅地の適正な時価の価格時点）※地価動向により価額を修正することができる（毎年）。

区 分	地価公示	都道府県地価調査	相続税評価	固定資産税評価
宅地の評価方法	標準地について2人以上の鑑定士等の鑑定評価を求め、国土交通省に設置された土地鑑定委員会がその結果を審査し、必要な調整を行って正常な価格を判定し公示。	基準地について1人以上の鑑定士の鑑定評価を求め、都道府県知事がその結果を審査し、必要な調整を行って、標準価格を判定。	1. 市街地的形態を形成する地域にある宅地…路線価方式 2. その他の宅地…固定資産税評価額倍率方式 公示価格、売買実例価額、鑑定評価額、精通者意見価格等を基に、公示価格ベースの時価（仲値）を評定し、これを基として路線価等を評定。（地価公示価格水準の8割を目途）	市街地的形態を形成する地域にあっては路線価方式によって、その他の地域にあっては標準宅地の評価額に比準する方式によって、各筆の評価額を算出。（地価公示価格の7割を目途）
標準宅地等の数	R4年 26,000地点	R3年 21,443地点	R3年 約33万地点	R3評価替え時 約43万地点

4．7割評価とは

（1）鑑定評価導入の背景

　固定資産税評価における鑑定評価の活用は平成6年度評価替えからであるが、その背景は、昭和60年代から平成2、3年までの地価高騰のなかで地価公示価格と固定資産税評価額との間に、大都市を中心に大きな格差が生じたため、評価の一元化を図り公的評価の均衡を図ることが、様々な方面から要請されていたことによる。

　公的評価の一元化については、平成初めの地価高騰のなかで始まったものではなく、鑑定評価制度の設立に係る宅地制度審議会答申（昭和38年3月）において、地価公示制度の創設と固定資産税評価制度等との関連について論議されていた。しかし、まずは鑑定士の確保と鑑定評価制度の確立を優先し、そのうえで地価公示制度を創設し、これをふまえて固定資産税評価に資する

ものとする道筋で論議されていたことが示されている。

（2）7割の根拠

　地価公示等を活用し、その7割をもって固定資産税評価とする根拠は、評価センターが行う土地研の平成3年度の調査報告書に説明されている。

　そのなかで、掲げている根拠は3点である。

①基準宅地における収益還元法による価格割合

　都道府県庁所在市及び都道府県庁所在市以外の政令指定市（川崎市及び北九州市）の合計49市における代表的な標準宅地について、平成3年時点での収益価格を査定して集計したところ、収益価格の精算者価格に対する割合は概ね50％ないし90％の範囲にあり、全地点の平均割合は概ね7割（72％）であった。

　平成2年10月26日に土地鑑定委員会から、(a) 取引事例の収集にあたり投機的事例は排除すべきこと、(b) 収益還元法の積極的活用を図ることの2点を主な内容とする鑑定評価基準が答申された。また、平成2年10月29日の土地政策審議会の答申においても、公示地の鑑定評価の一層の適正化に努めるとともに、収益還元の活用を通じて投機的要素を極力排除する方向に改善することとされている。

②資産間の評価の均衡

　都道府県庁所在市において、平成2年に建築された家屋について抽出調査した結果によると、再建築価額の取得価額に対する割合は、木造家屋で6割程度、非木造家屋で7割程度となっている。

　固定資産評価制度調査会答申は、資産間における評価の均衡化の必要性を指摘し、土地の評価水準を地価公示価格の6割から7割程度にすることは妥当なものとしている。

③地価安定期における地価公示に対する固定資産税評価の割合

　固定資産税は、固定資産の保有と市町村の行政サービスとの間に存在する受益関係に着目し、毎年経常的に課税される物税であり、その税負担は固定資産の処分によって支払われるのではなく、資産の保有継続を暗黙の前提として、資産の使用収益し得る価値に応じて負担を求めるものであると考えられる。

　固定資産税評価は地価公示価格よりも低く、相続税の評価よりもさらに低い水準になることは、公的土地評価それぞれの制度の趣旨や目的等の相違からやむを得ない面があったが、近年の地価の急騰局面において取引事例比較法を重視する地価公示価格が上昇せざるを得ないのに対し、固定資産税評価においては評価額の急増が税負担に直接結びつくため、地価公示価格と固定資産税評価額水準の格差は拡大した。

　昭和50年代の地価が比較的安定していた時期においては、地価公示価格と固定資産税評価額水準は60〜70％であったが、昭和60年代以降徐々に低下し、平成３年度評価替えの結果では約36％の水準まで低下してきている。

　以上の３点が、固定資産税評価は、地価公示価格等の７割程度を目途に行うこととする実証的な説明である。さらに、調査報告書では、固定資産税評価は通常の使用に基づく評価であり、鑑定評価は最有効使用に基づく評価である点において、両者に乖離が生じると説明する。最有効使用とは、その不動産の効用が最高度に発揮される可能性に最も富む使用方法である。すなわち、固定資産税評価は、不動産の継続的な使用という観点から現在の使用に基づく評価であり、最有効使用との開差が地価公示価格との乖離になるとするものである。固定資産税評価は、価格時点までの状態に基づく評価であり、鑑定評価は価格時点までの状況に加えて価格時点から先の変動を考慮した評価であることに起因する開差であるともいえよう。

（3）不正常要素の意味するところ

　従来から、固定資産税評価額と市場価格との開差は、「不正常要素」として多くの説明がなされていた。地価公示価格等の鑑定評価の活用により正常価格を採用する限り、土地取引における特殊性、異常性は排除され、その正常価格の7割程度とする固定資産税評価には「不正常要素」は存在しないことから、「不正常要素」が前面に出されることは少なくなった。

　この点に関して、先の調査報告書では、「固定資産税の土地評価における「適正な時価」は通常の（通常可能な）使用に対応する地価であるという考え方は、固定資産税の課税が不動産の保有の継続が前提となるという議論が受け入れられる限り、国民・納税者の批判に耐えるものだと思われる。それでは、それをどのようにして算定すべきであろうか。我々は通常の使用という概念そのものから、通常の使用に基づく土地収益から求められる土地価格であるという解答を得ることができる。固定資産税の土地評価において、土地の売買実例価額から排除すべきものと考えられてきた「不正常要素」は、換言すれば、最有効使用のもとでの土地の収益に対する価格と、土地の通常の使用から得られる収益に対応する価格の開差を意味してきたことになる。このような「不正常要素」のより明確な定義をもつこと、及びこの定義のもとでの適切な土地評価方法を持つことが、今日の土地評価問題の解決にとって不可欠であると考える。」としている。

【参考文献】
（1）「不動産鑑定法解説」　小林忠雄　全国加除法令出版
（2）「土地評価の均衡化・適正化等に関する調査研究」　財団法人資産評価システム研究センター・土地に関する調査研究委員会　平成3年度調査報告書
（3）「令和4年度　固定資産税関係資料集」　一般財団法人資産評価システム研究センター

第 **2** 章

標準宅地の鑑定評価書の見方

　本章では、鑑定評価の基礎知識について解説するとともに、標準宅地の鑑定評価書の見方について述べる。なお、令和４年５月23日付総務省自治税務局資産評価室土地第一係長事務連絡「宅地鑑定評価書の参考様式等の送付について」が発文されたが、鑑定士等の押印の廃止についてのみの改正であった。

１．標準宅地に係る鑑定評価書参考様式の概要

（1）宅地鑑定評価書様式等の概要

　平成22年３月25日付総務省自治税務局資産評価室土地第一係長事務連絡（以下、「H22事務連絡」という）により示された鑑定評価書参考様式において、現在用いられている宅地鑑定評価書の基本となる様式が示された。その後、平成28年５月31日総務省自治税務局資産評価室土地第一係長事務連絡（以下、「H28事務連絡」という）「宅地鑑定評価書の参考様式の送付について」により、平成26年の鑑定評価基準改正をふまえて、様式１の一部に改正が加えられた。令和元年５月７日付総務省自治税務局資産評価室土地第一係長事務連絡（以下、「R元事務連絡」という）「宅地鑑定評価書の参考様式等の送付について」では、元号を平成から令和に改める必要がある箇所について様式１に変更がなされた。令和４年５月23日付総務省自治税務局資産評価室土地第一係長事務連絡（以下、「Ｒ４事務連絡」という）「宅地鑑定評価書の参考様式等の送付について」では、様式１の不動産鑑定士署名欄において押印を廃止する変更が行われた。これらH28事務連絡、R元事務連絡、Ｒ４事務連絡についてまとめたものが下記の表である。

図表２－２－１　参考様式の変遷

平成28年	様式１	評価対象不動産の確認における、以下の記載の追加 ・実地調査を行った不動産鑑定士 ・立会人の氏名及び職業 ・実地調査を行った範囲 ・実地調査の一部を実施できなかった場合にあってはその理由
令和元年	様式１	以下の事項の元号を変更 ・発行年月日 ・価格時点 ・鑑定評価を行った日 ・実地調査日
令和４年	様式１	鑑定士等の押印欄の廃止

①宅地鑑定評価書（「鑑定評価書参考様式」）

　「鑑定評価書参考様式」は、令和４年5月23日付総務省自治税務局資産評価室長通知総税評第２号「令和６年度固定資産の評価替えに関する留意事項について」において求められている「不動産鑑定評価基準等に定める要件を具備する鑑定評価書」であり、様式１から様式４までの構成で鑑定評価基準等に準拠したもので、標準宅地に係る鑑定評価の成果品となる。

様式１　「基本的事項及び鑑定評価額等」

　　　　鑑定評価の前提となる基本的な事項と、評価結果としての鑑定評価額等が記載される。

様式２　「鑑定評価額の決定の理由の要旨（その１）」

　　　　標準的画地に対して鑑定評価の三手法を適用して各試算価格を求める過程が記載される。

様式３　「鑑定評価額の決定の理由の要旨（その２）」

　　　　求められた各試算価格を調整し、公示価格を規準とした価格等との均衡に留意して標準的画地の標準価格を査定する過程、及び標準的画地と標準宅地間の個別的要因格差率の比較に基づく鑑定評価額の決定のプロセスが記載される。

様式4 「標準宅地調書」

　　　　鑑定士が設定した標準的画地の価格形成要因が示される「近隣地域の状況（標準価格査定の根拠）」欄と評価対象地である対象標準宅地の画地条件等が記載される。それぞれ標準価格と鑑定評価額の前提条件となる。

　なおH22事務連絡、R元事務連絡、及びR4事務連絡では、鑑定評価書参考様式のほかに以下の参考資料等が示されている。

②鑑定評価書点検等要領

　鑑定評価価格については、担当した鑑定士に対しその価格決定理由等について十分に説明を求めるとともに、評価内容について十分精査したうえで活用することが重要となる。

　平成22年における鑑定評価書参考様式の改正に伴い、平成16年6月1日付総務省自治税務局資産評価室土地第一係長事務連絡「鑑定評価書の点検、精査等における参考例の送付について」に関して所要の改正が行われ、鑑定評価書参考様式の点検等をする際の要領として示された。

　また、R4事務連絡において様式1の鑑定士押印欄の廃止が行われたことに伴い点検要領についても関連する部分の改正が行われた。

③価格算定補足資料

　鑑定評価書参考様式とは別に価格算定補足資料が示された。

　記載内容は、鑑定士が標準宅地の鑑定評価にあたって当然行っている評価作業の内容であるが、固定資産税評価に関する納税者の関心が増すに伴い、鑑定評価書参考様式の記載事項について納税者より問われる状況も増えてきていることから、鑑定評価における補修正率の内訳などの詳細な内容について鑑定士に求める場合の補足資料として示されたものである。

　先の鑑定評価書参考様式は、これだけで鑑定評価基準等に準拠した様式で

あり、標準宅地に係る鑑定評価の成果品となるが、これとは別に補足資料として必要に応じて鑑定士から徴するなど、各市町村の実情や評価事務体制等を十分勘案しつつ運用すべきものである。

　価格算定補足資料の実務上の活用例は次のとおりである。
○市町村独自の宅地鑑定評価書様式を作成する場合の参考資料。
○すでに成果品として納品されている鑑定評価書参考様式の記載内容に疑
　義が生じた場合等、当該評価対象地の鑑定評価を担当した鑑定士に評価
　内容等を問い合わせる場合の参考資料。

④鑑定評価価格一覧表（メモ価格用）

　標準宅地の適正な時価評定は、宅地の固定資産税評価額の基礎となることから、標準宅地間（隣接市町村を含む）の価格バランスを確保することはもとより、固定資産税評価と鑑定評価との整合性に十分留意した鑑定評価価格の活用が求められる。

　H22事務連絡では、メモ価格に加え価格形成要因等に関する記載事項を充実する改正が行われ、「鑑定評価価格一覧表（メモ価格用）」として示された。

　鑑定士から正式な鑑定評価書を徴する前に、当該一覧表を求めることにより、固定資産税評価と鑑定評価との整合を図ったうえで、一層適正な時価評定をしていく必要がある。

⑤地価公示（公示地）の補正率一覧表、地価調査（基準地）の時点修正率・補正率一覧表

　標準宅地の地点が公示地または基準地の地点と同一地点にある場合に、当該標準宅地の画地条件等補正内容の把握のため、鑑定士から意見書として徴する際の様式である。

　平成10年４月24日付旧自治省税務局資産評価室土地第一係長事務連絡「標準宅地の適正な時価の評定に当たり、地価公示価格又は都道府県地価調査価

格を活用する場合に、不動産鑑定士等から意見書を徴する際の参考様式の送付について」で送付された様式について所要の改正を行い、H22事務連絡で示された。

　また、R４事務連絡において当該意見書の参考様式についても鑑定士押印欄の廃止が行われた。

（2）参考様式の特徴

　鑑定評価書参考様式では、標準宅地自体の価格を直接求めるのではなく、まずは鑑定士が設定した画地（標準的画地）について鑑定評価手法を適用して価格（１㎡当たり標準価格）を求め、その価格に標準的画地と評価対象地である対象標準宅地間の個別的要因格差率を乗じることにより標準宅地の鑑定評価額（１㎡当たり価格）を決定する様式となっている。

　したがって、鑑定評価書参考様式では標準価格及び鑑定評価額の二つの価格が求められることになるが、これは、標準価格を求めることなく評価対象地の比準価格及び収益価格を試算し、調整のうえ鑑定評価額を決定する地価公示等の評価方法とは異なる様式である。

①宅地の評価方法と活用すべき鑑定評価価格等

　固定資産税評価の手順における標準宅地の適正な時価の評定において鑑定評価が活用されるが、標準宅地の適正な時価評定において活用される価格は、固定資産税の宅地評価の方法により異なる。

　実務的な活用方法については「平成12年度評価替えに係る宅地鑑定評価書の参考様式の送付について」（平成10年３月10日付旧自治省税務局資産評価室土地第一係長事務連絡）、「鑑定評価書に係る『１平方メートル当たり標準価格』の取扱いについて」（平成４年８月20日付旧自治省税務局資産評価室土地係長事務連絡）及び「鑑定評価書に係る『１平方メートル当たり標準価格』の取扱い等について」（平成７年９月19日付旧自治省税務局資産評価室土地係長事務連絡）において示されている。

固定資産税評価の宅地の評価方法を区分して整理すると図表２－２－２のとおりであり、評価方法によって活用すべき鑑定評価の価格等が異なることに留意する必要がある。

図表２－２－２　固定資産税評価において活用する鑑定評価価格等

評価方法	活用すべき鑑定評価価格等	評価の前提となる画地等	鑑定評価価格等の取扱い
市街地宅地評価法（路線価方式）	１㎡当たり標準価格	標準的画地（鑑定士等が判定する評価上の画地）	標準価格の前提となった「標準的画地」が評価基準別表第３（画地計算法）の適用を受ける形状等である場合には、標準価格を該当の補正率で除した額の７割を路線価として付設することが適当。
その他の宅地評価法（標準地比準方式）	鑑定評価額（１㎡当たり価格）	標準宅地（評価対象地）	鑑定評価上、標準宅地に何らかの極端な補正がなされており、かつ、その他の宅地の評価に不均衡を及ぼすような場合に限っては、標準価格を用いる等状況に応じた対応を行うこと。

図表２－２－３　固定資産税の土地評価における不動産鑑定評価の活用方法

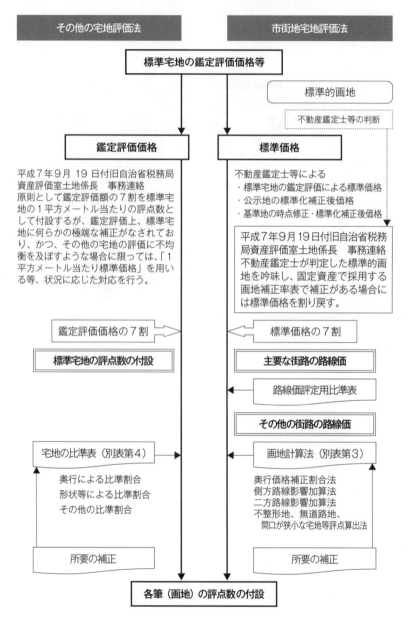

②標準的画地、標準価格及び標準宅地の鑑定評価額

　固定資産税評価における標準宅地の鑑定評価は、次の手順で行う。

A）基本的事項の確定、処理計画の策定を行った後、

B）対象不動産である標準宅地の確認を行い、

C）必要な資料を収集し、地域分析を行うことによって近隣地域、類似地域及び同一需給圏を判定し、

D）近隣地域の個別的要因が標準的な土地を標準的画地として設定し、

E）鑑定評価の各手法によって求めた試算価格を調整して標準価格を査定し、

F）個別分析によって査定した個別的要因の格差率（個性率）を標準価格に乗じて、

G）標準宅地の鑑定評価額を決定し、

H）鑑定評価報告書を作成し、鑑定評価書を発行する。

　こうした一連の手順のなかで、標準的画地の設定と標準価格の査定は重要な判断事項となる。標準価格は標準的画地の価格を示すものである。

ａ．標準的画地と標準価格

標準的画地

　標準的画地は、近隣地域において個別的要因が標準的な土地、いい換えれば最も普遍的な価格形成要因を具備した土地であり、そうした土地が実際に存在する場合もあれば、存在しない場合もある。

　一般の鑑定評価において土地価格を求める場合、標準的画地を設定して標準価格を求める方法は広く行われているが、対象不動産の状況によっては標準的画地を設定せず、取引事例比較法においては取引事例地と対象地を直接比較することにより比準価格を求める方法（直接比準）が採用されることがある。また、収益還元法の適用も、対象地そのものにおいて賃貸を想定して収益価格を求める方法が採用される場合が多くなっている。特に、市場価値

が収益価格を中心として形成されている地域では、個々の不動産が有する個別性を反映した収益性が重要となるからである。

標準価格

　標準価格は標準的画地の価格を示す。

　市街地宅地評価法では鑑定評価価格の活用にあたり、標準的画地の価格である「1平方メートル当たり標準価格」を活用することになる。

　これは、市街地宅地評価法における鑑定評価価格等の活用が主要な街路の路線価を付設することにあり、不整形地等のいわゆる画地条件に関する個別的要因は画地計算法において考慮するため、標準宅地固有の個別的要因を織り込まない価格を採用する必要があるからである。

ｂ．標準宅地と鑑定評価額

　標準宅地は固定資産税評価の手順において選定される宅地であり、鑑定評価の評価対象地となる。標準宅地そのものの価格が鑑定評価額（1㎡当たり価格）である。

　その他の宅地評価法では、原則、標準宅地の鑑定評価額（1㎡当たり価格）を活用することになる。

　この理由は、その他の宅地評価法が各筆（画地）の評点数を求めるにあたり、標準宅地の単位あたり評点数に宅地の比準表（別表第4）により求めた各筆の宅地の比準割合を乗じて求める方法であることから、標準宅地の適正な時価の評定では、標準宅地そのものの価格である鑑定評価額（1㎡当たり価格）を活用することにある。

ｃ．標準的画地と標準宅地との相違

鑑定評価における標準的画地についてまとめると以下のとおりである。

標準的画地とは……
- A）標準的画地は「標準的な土地」
- B）標準的画地は、近隣地域において個別的要因が標準的な土地として設定。
- C）標準的画地として設定した画地は、実際に存在する場合もあれば、存在しない場合もある。
- D）標準的画地の単位あたりの価格が、標準価格。

標準宅地とは……
- E）標準宅地は鑑定評価の対象地であり、標準的画地と同じと限らない。
- F）標準宅地の鑑定評価額は標準的画地の価格ではない。
- G）標準宅地の単位あたりの価格が、鑑定評価額。

評価手法は……
- H）一般の鑑定評価において土地価格を求める場合、標準的画地を設定して標準価格を求める方法は広く行われているが、対象不動産の状況によっては標準的画地を設定せず、取引事例比較法においては取引事例地と対象地を直接比較して比準価格を求める方法（直接比準）も採用されることがある。
- I）標準宅地の鑑定評価においては、標準的画地において賃貸を想定して収益還元法を適用するが、地価公示の鑑定評価においては対象地において賃貸を想定して収益還元法を適用する方法となっている。

図表2-2-4 標準宅地と標準的画地の関係

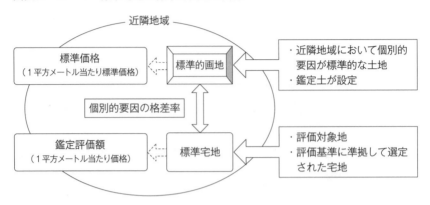

図表２－２－５ 「鑑定評価書参考様式」における鑑定評価価格の決定プロセス

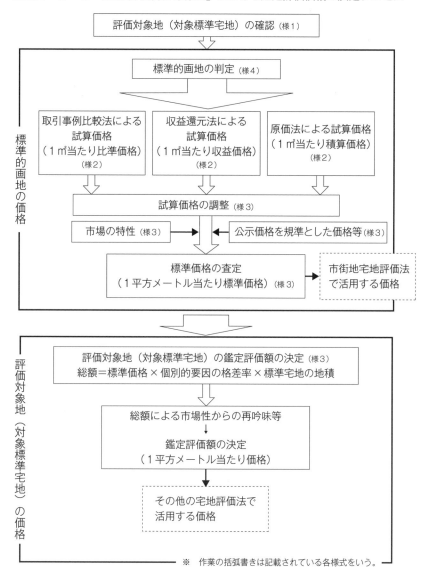

評価対象地（対象標準宅地）の確認（様1）

標準的画地の価格

標準的画地の判定（様4）

取引事例比較法による
試算価格
（1㎡当たり比準価格）
（様2）

収益還元法による
試算価格
（1㎡当たり収益価格）
（様2）

原価法による試算価格
（1㎡当たり積算価格）
（様2）

試算価格の調整（様3）

市場の特性（様3） ← 公示価格を規準とした価格等（様3）

標準価格の査定
（1平方メートル当たり標準価格）（様3）

市街地宅地評価法
で活用する価格

評価対象地（対象標準宅地）の価格

評価対象地（対象標準宅地）の鑑定評価額の決定（様3）
総額＝標準価格×個別的要因の格差率×標準宅地の地積

総額による市場性からの再吟味等

鑑定評価額の決定
（1平方メートル当たり価格）

その他の宅地評価法で
活用する価格

※ 作業の括弧書きは記載されている各様式をいう。

③鑑定評価書の開示について

鑑定評価書の開示については、「市街地宅地評価法」の路線価や「その他の宅地評価法」の標準宅地の単位あたり評価額を求める基礎となるため、路線価等の公開が法定化された趣旨からも、所有者名以外は開示して差し支えないものとされている（平成14年９月18日付総務省自治税務局固定資産税課長「固定資産税の情報開示に関する留意事項等について（通知）」）。

ただし、取引事例比較法等における事例地について、開示により地点が特定されるおそれがある場合には、所在地番、地積等を非開示とするなど必要な措置を講じることとされており、鑑定士の印影※についても悪用等の防止のためマスキングを行っている市町村が多いと思われる。

※鑑定評価書への押印について

デジタル社会の形成を図るための関係法律の整備に関する法律により、国民の負担の軽減及び利便性の向上に資するため、不動産の鑑定評価に関する法律等の改正法が令和３年９月１日に施行され、不動産鑑定士又は不動産鑑定士補による鑑定評価書への押印が廃止となった。（署名は引き続き存続）

なお、施行後、署名に加え、押印がある場合でも、その鑑定評価書は有効とされている。

２．様式１《基本的事項及び鑑定評価額等》の見方

様式１には、鑑定評価の前提となる基本的な事項と最終結論である鑑定評価額等が記載される。

（１）基本的事項

不動産の鑑定評価を行うにあたっては、まず「基本的事項」として、対象不動産、価格時点及び価格の種類を確定する必要がある。

①価格時点

　価格形成要因は、時の経過により変動するため、不動産の価格はその判定の基準となった日においてのみ妥当する。

　価格時点とは、不動産の価格の判定の基準日であり、固定資産税の標準宅地に係る鑑定評価書においては、価格調査基準日である令和5年1月1日が価格時点ということになる（令和6年度評価替えの場合）。

ａ．固定資産税評価における価格調査基準日

(a) 賦課期日

　固定資産税評価における価格調査基準日とは、評価替え作業において価格の把握を行うための実務作業上の基準日のことをいい、評価基準第1章（土地）第12節（経過措置）一において、基準年度の初日の属する年の前年の1月1日を価格把握の基準日としている。

　本来法第359条において、固定資産税の賦課期日は当該年度の初日の属する年の1月1日と規定されている。また法第349条第1項において、賦課期日に所在する土地に対して課する固定資産税の課税標準は、基準年度の賦課期日における価格で土地課税台帳もしくは土地補充課税台帳に登録されたものと規定されている。

　したがって、令和6年度の土地に係る課税標準の地方税法上の時点は、賦課期日である令和6年1月1日ということになる。

(b) 価格調査基準日

　土地の評価は市町村内のすべての課税土地を評価基準に基づいて評価する必要があるため、相当の期間を要する。

　その一方で法第410条において、市町村長はこれらの一連の評価事務手続を経たうえで3月31日までに価格を決定し、土地課税台帳等に登録しなければならないとされ、評価替にあたっては、実務上、賦課期日から評価事務に要する期間を遡った時点を価格把握の基準日として評価せざるを得ないこ

とから、法が委任する評価基準において「価格調査基準日」が定められたものである。

　したがって、令和6年度評価替えにおける価格調査基準日は、令和5年1月1日ということになる。

b．鑑定評価における価格時点

（a）鑑定評価基準の規定

　的確な鑑定評価を行うにあたっては、対象不動産、価格時点及び価格または賃料の種類といった基本的事項を確定する必要がある。

　価格時点とは、鑑定評価基準において「価格形成要因は、時の経過により変動するものであるから、不動産の価格はその判定の基準となった日においてのみ妥当するものである。」とし、「不動産の鑑定評価を行うに当たっては、不動産の価格の判定の基準日を確定する必要があり、この日を価格時点という。」とされている。

　したがって、価格時点とは不動産の価格の判定の基準日、すなわち鑑定評価額決定の基準日のことをいい、鑑定評価を行った年月日を基準として現在時点（現在の評価）、過去時点（過去の評価）及び将来時点（将来の評価）に分けられる。

（b）価格時点と価格調査基準日

　上記のとおり、評価基準第1章（土地）第12節（経過措置）一において、標準宅地の適正な時価を求める際には、基準年度の初日の属する年の前年の1月1日が価格把握の基準日とされていることから、令和6年度評価替えでは価格調査基準日である令和5年1月1日を価格時点として鑑定評価を行うことになる。

　なお、鑑定評価の基本的事項の1つである価格時点については、鑑定評価書参考様式1に記載されるが、様式1には価格時点のほかに、鑑定評価を行った日、実地調査日、発行年月日の4つの日付の記載がある。各日付を時系

列に並べてみると次のようになる。

図表２－２－６　鑑定評価書に記載される日付の関係

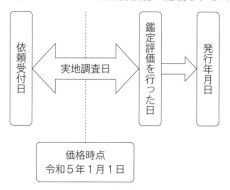

依頼受付日 ←実地調査日→ 鑑定評価を行った日 ⇒ 発行年月日

価格時点
令和５年１月１日

ｃ．価格調査基準日と下落修正時点について

　価格調査基準日は、固定資産税評価実務上の基準日であり、価格調査基準日を価格時点として標準宅地の鑑定評価を行うが、価格調査基準日以降、地価下落が認められる地域では、評価基準第１章第12節二で一定の広がりをもった地区を単位に、簡易な方法で評価額を修正できるとされている。

　下落修正にあたっては、地価が上昇している地域においては修正を行わないことからも、下落修正をもって価格調査基準日を変更するものではない。

②鑑定評価の依頼目的

　鑑定評価の依頼目的欄には、「固定資産税標準宅地の適正な時価を求めるための基礎資料」とするための鑑定評価である旨が記載される。

　依頼目的を明記するのは、価格の種類との関係を明らかにするためである。

③不動産の種別・類型

　固定資産税の標準宅地はすべて宅地なので、対象不動産の種別は宅地となる。

標準宅地は地域の標準的な利用方法にしたがっている土地が多いため、建物の敷地として利用されている場合がほとんどであるが、ここでは建物が存在していたとしてもないものとして、また借地権や地上権等の使用収益を制約する権利が付着していたとしてもそれらが付着していないものとして、つまり「更地として」の評価を行う。

　このため、不動産の種別・類型欄は「更地として」となる。

④価格の種類

　鑑定評価の依頼目的が「固定資産税標準宅地の適正な時価を求めるための基礎資料」であるため、求める価格の種類は「正常価格」となる。

a．鑑定評価における「正常価格」

　固定資産税評価における標準宅地の鑑定評価で求める価格は「正常価格」である。正常価格とは、鑑定評価基準では「市場性を有する不動産について、現実の社会経済情勢の下で合理的と考えられる条件を満たす市場で形成されるであろう市場価値を表示する適正な価格」とされている。

【鑑定評価基準における「合理的な市場」】

　現実の社会経済情勢の下で合理的と考えられる条件を満たす市場とは、以下の条件を満たす市場をいう。

（1）　市場参加者が自由意思に基づいて市場に参加し、参入、退出が自由であること。

　　　なお、ここでいう市場参加者は、自己の利益を最大化するため次のような要件を満たすとともに、慎重かつ賢明に予測し、行動するものとする。

　　　①　売り急ぎ、買い進み等をもたらす特別な動機のないこと。

　　　②　対象不動産及び対象不動産が属する市場について取引を

成立させるために必要となる通常の知識や情報を得ていること。

③　取引を成立させるために通常必要と認められる労力、費用を費やしていること。

④　対象不動産の最有効使用を前提とした価値判断を行うこと。

⑤　買主が通常の資金調達能力を有していること。

（2）取引形態が、市場参加者が制約されたり、売り急ぎ、買い進み等を誘引したりするような特別なものではないこと。

（3）対象不動産が相当の期間市場に公開されていること。

b．固定資産税評価における「適正な時価」

　法第341条第5項において、固定資産税の価格とは、「適正な時価」と規定されている。

　この「適正な時価」とは、正常な条件の下における取引価格、すなわち正常売買価格をいい、現実の取引価格のうち正常でない部分（不正常要素）について、これを除去して得られる価格をいう。

c．「正常価格」と「適正な時価」

（a）公的評価の均衡化・適正化

　平成6年度評価替えより、宅地の評価においては地価公示価格の7割程度を目途として評価の均衡化・適正化を図ることとなり、宅地評価の基本となる標準宅地の評価にあたっては、地価公示価格及びこれを補完するものとして都道府県地価調査価格と鑑定士等による鑑定評価価格を活用することとされている。

（b）「正常価格」と「適正な時価」の条件

　鑑定評価における「正常価格」と固定資産税評価の「適正な時価」の検討

を行うにあたっては以下の点が重要となる。

⒜　固定資産税評価において、「適正な時価」を求める前提である正常な
　　条件
　……鑑定評価における「正常価格」を求める前提条件である「現実の社
　　　会経済情勢の下で合理的と考えられる条件」と同意義である。
⒝　両者には評価方法に相違があるが、求める価格の概念には相違がない
　　こと

（ｃ）売買価額基準方式と鑑定評価の三手法
　　固定資産税評価は、売買価額基準方式を評価方法の原則としているのに対
して、鑑定評価における正常価格を求める際には、売買価額基準方式に対応
する取引事例比較法のみならず収益還元法及び原価法をも適用し、各手法で
求めた試算価格を調整し評価額を決定していく。

（ｄ）示される価格の共通性
　　鑑定評価は三手法をもって合理的な市場で形成される価格を求めるもので
あるから、鑑定評価額と、正常売買価格たる固定資産税評価額の概念は同じ
である。つまり、両者に価格概念としての差異はなく、売買価額基準方式を
採用する固定資産税評価（大量評価）と、原価法、取引事例比較法及び収益
還元法を併用する鑑定評価（個別評価）との間にはその評価方法に違いがあ
るに過ぎない。

⑤評価条件
○鑑定評価基準での規定
　　評価条件には、対象確定条件、想定上の条件、調査範囲等条件がある。
　　対象確定条件は、対象不動産の確定にあたって必要となる鑑定評価の条件
で、鑑定評価の対象とする不動産の所在、範囲等の物的事項及び所有権、賃

借権等の対象不動産の権利の態様に関する事項を確定するために必要な条件をいう。

　地域要因または個別的要因についての想定上の条件とは、対象不動産について、依頼目的に応じ対象不動産に係る価格形成要因のうち地域要因または個別的要因について設定する想定上の条件をいう。

　調査範囲等条件は、鑑定士の通常の調査の範囲では、対象不動産の価格への影響の程度を判断するための事実の確認が困難な特定の価格形成要因が存する場合、当該価格形成要因について調査の範囲に係る条件として設定するものである。

ａ．対象確定条件

（ａ）鑑定評価基準での規定

　対象不動産の確定にあたって必要となる鑑定評価の条件を対象確定条件という。対象確定条件は、鑑定評価の対象とする不動産の所在、範囲等の物的事項及び所有権、賃借権等の対象不動産の権利の態様に関する事項を確定するために必要な条件である。対象確定条件の設定にあたっては、鑑定評価書の利用者の利益を害するおそれがないかという観点から条件設定の妥当性を検討する必要がある。

（ｂ）独立鑑定評価

　不動産が土地及び建物等の結合により構成されている場合において、その土地のみを建物等が存しない独立のもの（更地）として鑑定評価の対象とすることを独立鑑定評価という。

　固定資産税評価における標準宅地は、通常、建物等の敷地である。このため、標準宅地の鑑定評価においては、「現況が建物・構築物等の敷地である場合には、当該建物等がなく、かつ使用収益を制約する権利が付着していないものとしての土地のみの独立鑑定評価」という対象確定条件を付し、類型は「更地として」となる。例えば、標準宅地が借地権付建物の敷地である場

合、借地権及び建物がない状態で土地のみの評価を行うことを意味する。

（ｃ）未竣工建物等鑑定評価

　造成に関する工事が完了していない土地または建築に係る工事（建物を新築するもののほか、増改築等を含む。）が完了していない建物について、当該工事の完了を前提として鑑定評価の対象とすることを未竣工建物等鑑定評価という。

　未竣工建物等鑑定評価を行う場合は、価格時点において想定される竣工後の不動産に係る物的確認を行うために必要な設計図書等を収集しなければならず、さらに、当該未竣工建物等に係る法令上必要な許認可等が取得され、発注者の資金調達能力等の観点から工事完了の実現性が高いと判断されなければならないものとされている。

　未竣工建物等鑑定評価は、法第343条第７項により、土地区画整理事業の施行区域において仮換地等に課税することが見込まれる場合で、鑑定評価の価格時点では未だ造成工事が完了していないときなどに活用することが考えられる。（詳細については、第３篇第２章参照）

図表２－２－７　未竣工建物等鑑定評価の概略

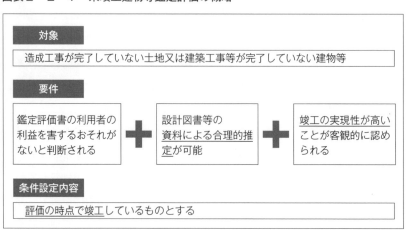

b．地域要因または個別的要因についての想定上の条件

　対象不動産について、依頼目的に応じ対象不動産に係る価格形成要因のうち地域要因または個別的要因について想定上の条件を設定する場合がある。想定上の条件を例示すれば、「市街化区域に編入されたものとして」というような地域要因に係るもの、「対象不動産の利用に必要な通路については、新所有者が従来どおり無償で利用できるものとして」というような個別的要因に係るものがある。

　この場合には、設定する想定上の条件が鑑定評価書の利用者の利益を害するおそれがないかどうかの観点に加え、特に実現性及び合法性の観点から妥当なものでなければならない。一般に、地域要因について想定上の条件を設定することが妥当と認められる場合は、計画及び諸規制の変更、改廃に権能を持つ公的機関の設定する事項に主として限られる。したがって、上記例の「市街化区域に編入されたものとして」という条件設定は、市街化区域への編入が都市計画審議会で決定されている場合に設定が可能と考えられる。

　固定資産税における標準宅地の鑑定評価においては、価格調査基準日現在の価格形成要因を前提として更地価格を求めるため、想定上の条件は通常は設定できない。しかしながら、例えば標準宅地の一部に都市計画道路予定地が含まれており、かつ都市計画道路予定地を含まない他の適切な画地に選定替えができないような状況であれば、当該減価要因を標準宅地の価格に織り込むのでなく、市町村の所要の補正によって、別途画地で考慮する評価手順が実務的に明解である場合には、想定上の条件として「対象不動産の一部に都市計画道路の区域を含むが、当該事業による影響がないものとしての鑑定評価」等の条件設定を行い、当該事業による影響がない価格を求めることとなる。

　ただし、都市計画道路予定地に関する所要の補正を規定していない市町村においては、当該要因は評価の過程で考慮されないことになるため、鑑定評価書の利用者の利益の観点から、一般的には当該評価条件の設定は難しいと考えられる。

c．調査範囲等条件

　鑑定士の通常の調査の範囲では、対象不動産の価格への影響の程度を判断するための事実の確認が困難な特定の価格形成要因が存する場合、当該価格形成要因について調査の範囲に係る条件を設定することができる。事実の確認が困難な特定の価格形成要因として、「不動産鑑定評価基準運用上の留意事項」（以下、「留意事項」という）では、土壌汚染の有無及びその状態や埋蔵文化財及び地下埋設物の有無並びにその状態等が例示されている。

　なお、調査範囲等条件を設定することができるのは、調査範囲等条件を設定しても鑑定評価書の利用者の利益を害するおそれがないと判断される場合に限られる。留意事項には、依頼者等による当該価格形成要因に係る調査、査定または考慮した結果に基づき、鑑定評価書の利用者が不動産の価格形成に係る影響の判断を自ら行う場合等が例示されている。

　固定資産税における標準宅地の鑑定評価においては、想定上の条件と同様に安易に調査範囲等条件を設定するべきではないが、鑑定評価書の利用者の利益の観点から市町村が土壌汚染地や埋蔵文化財等に関する対応の具体的な基準（所要の補正等）を有している場合に設定することとなる。調査範囲等条件を設定して、例えば「土壌汚染については考慮外」として評価を行うと、求められる鑑定評価価格は土壌汚染の影響がないものとしての価格となる。この鑑定評価価格に基づき、市町村が有する所要の補正等を反映させることによって、固定資産税評価では土壌汚染の影響を考慮した価格を求めることができる。

　ただし、他の見解として評価基準に宅地の状況に応じ、必要があるときは、所要の補正をするとされている以上、具体的な基準はなくとも必要がある場合に別途考慮すればよく、鑑定評価の段階では柔軟に考慮外とする考え方もある。

図表２－２－８　調査範囲等条件の概略

対象
鑑定士の通常の調査の範囲では、対象不動産の価格への影響の程度を判断するための事実の確認が困難な特定の価格形成要因が存在する場合

要件
鑑定評価書の利用者の利益を害するおそれがないと判断される場合

鑑定評価書の利用者全員が、当該価格形成要因についてその状況及び価格への影響に係る判断（リスク判断）を独自に行えると判断できる場合等

条件設定内容	
調査の範囲の限定	価格形成要因からの除外

ｄ．合意前提

　条件設定をする場合、鑑定士等と依頼者との間で当該条件設定に係る鑑定評価依頼契約上の合意がなくてはならないとされている。固定資産税における標準宅地の鑑定評価においても、固定資産鑑定評価員委嘱時等に評価条件について合意しておく必要がある。

　また、条件設定が妥当ではないと認められる場合には、鑑定士等は依頼者に説明のうえ、妥当な条件に改定しなければならないとされている。

⑥鑑定評価の依頼目的及び条件と価格の種類との関係

　価格の種類には、正常価格のほか、限定価格、特定価格及び特殊価格があるが、鑑定評価の依頼目的及び条件との関係において、価格の種類の選択が正しくなされていることの確認として、次のような記述が求められている。

> 「本件鑑定評価は、上記依頼目的及び条件により、現実の社会経済
> 情勢の下で合理的と考えられる条件を満たす市場で形成されるであ

ろう市場価値を表示する適正な価格を求めるものであり、求める価格は正常価格である。」

⑦関与鑑定士及び関与鑑定業者に係る利害関係等

関与鑑定士とは当該鑑定評価に関与するすべての鑑定士をいい、関与鑑定業者とは関与鑑定士の所属する鑑定業者のことをいう。

ここでは、以下の事項について明らかにしなければならないとされている。

ア　関与鑑定士及び関与鑑定業者の対象不動産に関する利害関係等

関与鑑定士及び関与鑑定業者について、対象不動産に関する利害関係または対象不動産に関し利害関係を有する者との縁故もしくは特別の利害関係の有無及びその内容を明らかにしなければならない。

イ　依頼者と関与鑑定士及び関与鑑定業者との関係

依頼者と関与鑑定士及び関与鑑定業者との間の特別の資本的関係、人的関係及び取引関係の有無並びにその内容を明らかにしなければならない。

ウ　提出先等と関与鑑定士及び関与鑑定業者との関係

提出先等と関与鑑定士及び関与鑑定業者との間の特別の資本的関係、人的関係及び取引関係の有無並びにその内容（提出先等が未定の場合または明らかとならない場合における当該提出先等については、その旨）を明らかにしなければならない。

⑧鑑定評価を行った日

鑑定評価を行った日とは、いわゆる評価時点のことであるが、これは鑑定評価の手順を完了した日、すなわち鑑定評価報告書が完成し、これに鑑定評価額が表示された日と考えられている。

これを記載する趣旨は、価格時点と評価時点との間隔の如何が資料収集の可能性、価格形成要因の分析の正確度等に影響を及ぼし、鑑定評価額とも関係してくる場合があるためである。

⑨評価対象不動産の確認

　対象不動産の物的確認及び権利の態様の確認について、確認資料と照合した結果を明確に記載しなければならない。

　また、後日対象不動産の現況把握に疑義が生ずる場合があることを考慮して、以下の事項を合わせて記載しなければならない。

- ・実地調査を行った年月日
- ・実地調査を行った鑑定士の氏名
- ・立会人の氏名及び職業
- ・実地調査を行った範囲
- ・実地調査の一部を実施することができなかった場合にあっては、その理由

（2）鑑定評価額等

①標準宅地番号

　標準宅地番号は原則として市町村から指示された番号を記載する。

②所在及び地番

　対象不動産を特定するものとして、土地についてはその所在及び地番が必ず記載される。

③住居表示

　住居表示が実施されている地域については、住居表示も併記する。

④１平方メートル当たり標準価格

　これは固定資産税の標準宅地の鑑定評価書に特有の記載項目になる。通常の鑑定評価書には該当項目がない場合もある。

　対象不動産が市街地宅地評価法の適用されている状況類似地域の標準宅地である場合には、この価格の７割を目途として主要な街路の路線価が付設さ

れる。

⑤鑑定評価額

　鑑定評価書の結論部分で、最も重要な部分の一つである。

　ただし、固定資産税の標準宅地の鑑定評価書の場合には、１平方メートル当たり標準価格の方がよく利用されることになる。

（3）様式１における留意点

　「鑑定評価書点検等要領」は「鑑定評価書参考様式」の点検等をする際の要領として示されたもので、次のような必要性が背景にある。

・鑑定評価価格について、担当した鑑定士に対し、その価格決定理由等十分に説明を求めること

・取引事例の把握や個別的要因の標準化が適切かどうか、面的なバランスがとれているかなどについて十分精査する必要があること

・固定資産税における一層の情報開示が求められ、また訴訟においても鑑定評価書が注目されつつあること

　様式１に関する点検通知の内容は次表のとおりで、ここでは必要に応じて適宜コメントを加えてある。

図表２－２－９　様式１における留意点

項目	内容
提出先	記載誤りがないか。
発行番号	付番がされているか。
発行年月日	「鑑定評価を行った日」以降の日となっているか。 契約期間内のものか。
価格時点	「令和５年１月１日」となっているか。
不動産の種別・類型	「更地として」となっているか。 （但し、更地を標準宅地として選定している場合には「更地」）
価格の種類	「正常価格」となっているか。
評価条件	市町村において条件を付加している場合においては、当該付加条件が考慮されているか。 鑑定士が付加している場合には、その条件が妥当であるか。 （条件設定には、市町村と鑑定士の契約上の合意が必要）
関与不動産鑑定士及び関与不動産鑑定業者に係る利害関係等	「無」となっているか。「有」の場合は、当該標準宅地の鑑定評価を担当する鑑定士の変更又は地点の変更の必要はないか。
鑑定評価を行った日	「令和５年１月１日以降」となっているか。 （令和５年地価公示価格を規準している場合には、地価公示価格公表（３月20日前後）後の日となる。）
実地調査日	「鑑定評価を行った日」以前、「価格時点」前後の日となっているか。
（１）標準宅地番号	様式２「（１）標準宅地番号」、様式３「（１）標準宅地番号」及び様式４「（１）標準宅地番号」と一致しているか。
（２）所在及び地番（住居表示）	令和５年１月１日の状況になっているか。 様式２「（２）所在及び地番（住居表示）」、様式３「（２）所在及び地番（住居表示）」及び様式４「（２）所在及び地番（住居表示）」と一致しているか。
（３）地積	令和５年１月１日の状況になっているか。 様式２「（３）地積」、様式３「（３）地積」とともに、様式４「（４）地積」及び「（35）地積」と一致しているか。
（４）１平方メートル当たり標準価格	様式３「（55）１平方メートル当たり標準価格」と一致しているか。
（５）鑑定評価額	様式３「（58）鑑定評価額（「総額」・「１平方メートル当たり価格」）」と一致しているか。

3．様式2《鑑定評価額の決定の理由の要旨（その1）》の見方

　様式2では、取引事例比較法、収益還元法及び原価法の価格を求める三手法の適用結果が記載されている。

　鑑定評価の手法の適用にあたっては、鑑定評価の手法を当該案件に即して適切に適用すべきである。この場合、地域分析及び個別分析により把握した対象不動産に係る市場の特性等を適切に反映した複数の鑑定評価の手法を適用すべきであり、対象不動産の種類、所在地の実情、資料の信頼性等により複数の鑑定評価の手法の適用が困難な場合においても、その考え方をできるだけ参酌するように努めるべきとされている。

（1）取引事例比較法
①取引事例比較法の意義
ａ．鑑定評価基準での定義

　取引事例比較法について鑑定評価基準では、「多数の取引事例を収集して適切な事例の選択を行い、これらに係る取引価格に必要に応じて事情補正及び時点修正を行い、かつ、地域要因の比較及び個別的要因の比較を行って求められた価格を比較考量し、これによって対象不動産の試算価格を求める手法である」とされている。

　さらに「近隣地域若しくは同一需給圏内の類似地域等において対象不動産と類似の不動産の取引が行われている場合又は同一需給圏内の代替競争不動産の取引が行われている場合に有効である」とされ、この手法を適用して求められた試算価格を比準価格と定義している。

ｂ．様式2での記載

　様式2は、鑑定評価基準の定義にしたがって構成されている。すなわち規範性のある適切な事例を選択し、これらに係る取引価格に事情補正及び時点修正を行ったうえで、地域要因の比較を行って求めた価格を調整し、標準的画地に係る比準価格を求める手順となっている。

図表２－２－10　様式２における取引事例比較法の記載欄

取 引 事 例 比 較 法									
(4)所在	(5)地積 (㎡)	(6)取引時点 年月	(7)取引価格 (円/㎡)	(8)事情補正	(9)時点修正	(10)建付減価の補正	(11)事例地の個別的要因の標準化補正	(12)推定価格 (7)×(8)×(9)×(10)×(11) (円/㎡)	(13)地域要因の比較
a				[100]	[100]	100	[100]		[100]
b				[100]	[100]	100	[100]		[100]
c				[100]	[100]	100	100		[100]

(14)比準した価格 (12)×(13)（円/㎡）	(15)1㎡当たり比準価格決定の理由の要旨	(16)1㎡当たり比準価格 (円/㎡)
a		
b		
c		

ｃ．売買価額基準方式

　固定資産税評価は売買価額基準方式が基本である。

　売買価額基準方式とは、売買のあった土地のうち同類型の土地と評価対象地について、その価格形成要因や時点等を比較考量して評価対象地の適正な時価を求める評価方法であることから、鑑定評価における取引事例比較法と同じ評価手法であると解される。

②事例の収集及び選択等

　取引事例比較法によって求められる比準価格は、選択された取引事例に係る取引価格を価格判定の基礎とするため、多数の事例の収集と事例の選択の適否が比準価格の精度に大きく影響する。したがって、事例の収集及び選択は慎重に行う必要がある。

ａ．収集事例の分析

　豊富に収集された取引事例の分析検討は、個別の取引に内在する特殊な事情を排除し、時点修正率を把握し、及び価格形成要因が対象不動産の価格へ与える影響の程度を知るうえで欠くことのできないものである。

　特に取引事例は、不動産の利用目的、不動産に関する価値観の多様性、取

引の動機による売主及び買主の取引事情等により各々の取引について考慮されるべき視点が異なってくる。

　したがって、収集した取引事例の分析検討にあたっては、取引事例に係る取引事情を始め取引当事者の属性及び取引価格水準の変動の推移が慎重に分析検討されなければならない。

ｂ．土地建物の取引事例から事例地の価格を求める「配分法」

　標準宅地に係る鑑定評価では更地の価格を求めることから、建物及びその敷地のような複合不動産の取引事例については、配分法を適用して取引事例地の価格を求めることになる。

　配分法とは、「取引事例が対象不動産と同類型の不動産の部分を内包して複合的に構成されている異類型の不動産に係る場合においては、当該取引事例の取引価格から対象不動産と同類型の不動産以外の部分の価格が取引価格等により判明しているときは、その価格を控除し、又は当該取引事例について各構成部分の価格の割合が取引価格、新規投資等により判明しているときは、当該事例の取引価格に対象不動産と同類型の不動産の部分に係る構成割合を乗じて、対象不動産の類型に係る事例資料を求める」方法のことをいう。

③事情補正及び時点修正

　鑑定評価基準においては「取引事例が特殊な事情を含み、これが当該事例に係る取引価格に影響していると認められるときは、適切な補正を行い、取引事例に係る取引の時点が価格時点と異なることにより、その間に価格水準の変動があると認められるときは、当該事例の価格を価格時点の価格に修正しなければならない。」と定められている。

ａ．事情補正

　取引事例はその取引等の事情が正常なものかまたは正常なものに補正することができるものでなくてはならない。

正常な事情の下で成立した取引事例等は、鑑定評価にあたって指標となりうる。また、取引事例に係る取引等が特殊な事情を含むものであっても、投機的なものでなく、適切に事情補正を行えば事例としての規範性を持ち得ることになる。

○事情補正の求め方

　事情補正の必要性の有無及び程度の判定にあたっては、多数の取引事例等を総合的に比較対照のうえ検討されるべきものであり、事情補正を要すると判定したときは、取引が行われた市場における客観的な価格水準等を考慮して適切に補正を行うことになる。

　事情補正は、固定資産税評価における売買価額基準方式で正常売買価格を求めるにあたって現実の売買実例価額から不正常な要素に基づく価額を除去する考え方と同じである。

ｂ．時点修正

　取引事例に係る取引の時点が価格時点と異なることにより、その間に価格水準に変動があると認められる場合には、当該取引事例の価格を価格時点の価格に修正しなければならない。時点修正にあたっては、事例に係る不動産の存する用途的地域または当該地域と相似の価格変動過程を経たと認められる類似の地域における土地の価格の変動率を求め、これにより取引価格を修正する必要がある。

○時点修正の求め方

　時点修正を行うにあたっては、事例に係る不動産の存する用途的地域または当該地域と相似の価格変動過程を経たと認められる類似の地域における土地の価格の変動率を求め、これにより取引価格を修正する必要がある。

　時点修正率は、価格時点以前に発生した多数の取引事例について時系列的な分析を行い、さらに国民所得の動向、財政事情及び金融情勢、公共投資の

動向、建築着工の動向、不動産取引の推移等の社会的及び経済的要因の変化、土地利用の規制、税制等の行政的要因の変化等の一般的要因の動向を総合的に勘案して求めるべきであるとされている。

さらに時点修正率の査定にあたっては、地価公示、都道府県地価調査等の資料を活用するとともに、適切な取引事例が乏しい場合には、売り希望価格、買い希望価格等の動向及び市場の需給の動向等に関する諸資料を参考として用いることができる。

ｃ．建付減価の補正

取引事例地に建付減価が生じていると認められる場合に建付減価の補正を行う。例えば、建物が土地の最有効使用の状態になく、その建物を取り除くことが適当である場合において、除去費用を土地の買い手が負担するという条件のときには、更地に比してその費用相当額の減価が生じることがある。

④地域要因の比較及び事例地の個別的要因の標準化補正

ａ．鑑定評価基準での定義

（ａ）地域要因の比較（原則）

「取引価格は、取引事例に係る不動産の存する用途的地域の地域要因及び当該不動産の個別的要因を反映しているものであるから、取引事例に係る不動産が同一需給圏内の類似地域等に存するもの又は同一需給圏内の代替競争不動産である場合においては、近隣地域と当該事例に係る不動産の存する地域との地域要因の比較及び対象不動産と当該事例に係る不動産との個別的要因の比較を、取引事例に係る不動産が近隣地域に存するものである場合においては、対象不動産と当該事例に係る不動産との個別的要因の比較をそれぞれ行うものとする。」

（ｂ）地域要因の比較（代替的な方法）

「地域要因及び個別的要因の比較については、それぞれの地域における個

別的要因が標準的な土地を設定して行う方法がある。」

b．様式2での取扱い

標準宅地に係る様式2は、標準宅地自体の価格を直接求めるのではなく、鑑定士が設定した標準的画地について鑑定評価手法を適用して標準価格を求め、次に個別分析で査定した標準的画地と標準宅地間の要因格差率を乗じることにより標準宅地の鑑定評価額を決定する様式となっている。

c．様式2の取引事例比較法の特徴

これは、取引事例に係る不動産（以下、「事例地」という）及び対象不動産（以下、「標準宅地」という）が存するそれぞれの地域における、個別的要因が標準的な土地を設定して行う方法によるものである。

ここでいう標準宅地の存する地域における個別的要因が標準的な土地とは近隣地域における標準的画地のことをいう。また、事例地の存する地域における個別的要因が標準的な土地とは、事例地の属する地域内において、土地の利用状況、規模、形状等が中庸なものである標準的使用の土地のことをいい、標準宅地の場合の近隣地域における標準的画地と同様である。

したがって、様式2における取引事例比較法の特徴として以下の点があげられる。

・当該手法を適用して求める比準価格は「標準的画地」に係る試算価格であること。
・事例地が存する地域における個別的要因が標準的な土地を設定していることから、取引事例に係る標準化補正がなされていること。

以下、様式2にしたがって、事例地が同一需給圏内の類似地域等に存するものである場合と、標準宅地が存する近隣地域に存する場合とに分けて、この2つの作業手順について解説する。

（A）事例地が同一需給圏内の類似地域等に存する場合

○個別的要因の標準化補正

事例地が同一需給圏内の類似地域等に存する場合は、当該地域における標準的な土地を設定し、事例地と設定した標準的な土地との間における個別的要因の格差比較を行い、事例地を当該地域の標準的な土地に合致したものに補正する。この作業を事例地の個別的要因の標準化補正という。

○地域要因の比較

次に、当該地域における標準的な土地と標準宅地の存する近隣地域における標準的画地に係る地域要因の比較を行い、地域格差を求める。

○標準的画地の比準価格

この作業手順を各事例地について適用し、求められた各価格について調整を行ったうえで、標準的画地の比準価格を求める。

図表２－２－11　取引事例との比較

事例地が同一需給圏内の類似地域等に存する場合の比較手順

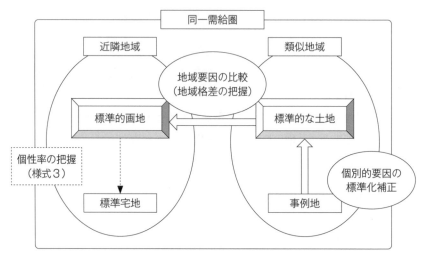

（B）事例地が標準宅地の存する近隣地域に存する場合

○個別的要因の標準化補正

事例地が標準宅地の存する近隣地域に存する場合においては、事例地と標準的画地間において個別的要因の標準化補正を行う。この標準化補正の結果、事例地は標準的画地に合致したものに補正されたことになるため、事例地が同一需給圏内の類似地域等に存する場合と異なり地域要因比較は必要ない。

したがって、近隣地域に存する取引事例は規範性があるものとされ、事例の収集にあたってはまず標準宅地が存する近隣地域に存する取引事例から収集していくことになる。

図表２－２－12　取引事例との比較

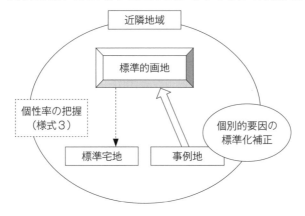

事例地が標準宅地の存する近隣地域に存する場合の比較手順

⑤比準価格

様式２では取引事例から求められた３つの「比準した価格」について、取引事例の選択の適否及び要因比較の分析結果をふまえ、標準的画地の１㎡当たり比準価格を決定する。

（2）収益還元法

①収益還元法の意義

ａ．収益還元法とは

　収益還元法は、対象不動産が将来生み出すであろうと期待される純収益の現在価値の総和を求めることにより、対象不動産の試算価格を求める手法（この手法による試算価格を収益価格という）である。

ｂ．収益還元法の考え方

《ある土地に建物を建てて賃貸するケース》

・収入面では家賃が入ってくる一方、建物を賃貸するための修繕費や公租公課等の費用もかかる。

・この家賃から費用を差し引いたものが純収益であり、通常年間ベースで把握する。

・この純収益は、現在から将来にかけて毎年継続的に発生する。

・収益還元法では、このような将来にわたって発生する純収益の現在時点における価値の合計を、その不動産（土地と建物）の価値と考える。

・現在価値の合計にあたって、現在の100万円と10年後の100万円とでは価値が違うので、10年後の100万円は、運用益等を考慮し、割引いて現在価値に戻さなければならない。

・このように永久に毎期入ってくる純収益の現在価値を合計するという無限等比級数を式に置き換えると「単年度の純収益÷割引利回り」という式になる。

②収益還元法の適用について

ａ．土地残余法

　標準宅地の鑑定評価において求める価格は更地としての価格のため、土地のみの価格を求めることになる。しかしながら、土地はそれ自体で収益を考えるものではなく、建物と一体的に利用されることが最も収益を生むものと

考えられるため、純収益の査定は、土地と建物一体としての純収益を求めてから建物に帰属する純収益を控除して、土地のみに帰属する純収益を求め、これを還元利回りで還元して収益価格を求めることになる。この手法を土地残余法という。

b．建物に帰属する純収益

控除する建物に帰属する純収益は、建物の初期投資額に元利逓増償還率（一定率で変動する建物に帰属する純収益の総和が建物の初期投資額と等しくなるような建物の初期投資額に対する利率）を乗じて求める。

c．未収入期間

純収益を考えるときに、最有効使用の建物を建築している間は収入が得られないため、その期間分の修正を未収入期間修正率という形で設定し、未収入期間を考慮した土地に帰属する純収益を求める。

d．還元利回り

還元利回りは、純収益が永続的に得られる場合で、かつ純収益が一定の趨勢を有すると想定される場合には、還元利回りを割引率（r）と純収益の変動率（g）とを考慮して査定する。

ここでいう純収益の変動率とは、長期的に考えた場合に賃料が上昇する期待率といえる。

この方法は、標準宅地に係る様式2及び地価公示等の公的評価において収益価格の試算に適用されている。

図表２－２－13　収益還元法（土地残余法）計算式

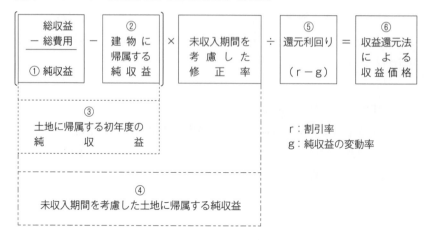

③様式２における収益還元法

　様式２では、標準的画地に最有効使用の建物を建築して賃貸することを想定し、純収益を査定する方法（直接法）を採用している。

ａ．直接法

　「直接法」は、対象不動産からの総収益及びこれに係る総費用を直接的に把握して純収益を査定する方法である。

○標準宅地の鑑定評価と地価公示での「直接法」の違い

　固定資産税の標準宅地の鑑定評価では、前述のとおり標準的画地に最有効使用の建物を建築して賃貸することを想定し、純収益を査定する方法（直接法）を採用している。

　地価公示等でも同様に直接法が採用されているが、固定資産税の標準宅地の鑑定評価とは異なり、対象不動産に対して適用する方法となっている。

　このように、固定資産税の標準宅地の鑑定評価と地価公示等の鑑定評価では、収益還元法の適用において、対象不動産に適用するのかまたは標準的画

地に適用するのかで異なっている。

ｂ．間接法

「間接法」は、近隣地域または同一需給圏内の類似地域等に存する類似の不動産等の純収益を地域要因及び個別的要因から比較検討し、標準的画地の純収益を比準して査定する方法である。

収益還元法を適用する場合に採用する純収益は、不動産について得られる純収益について直接的に求めることが望ましいため、平成24基準年度に総務省から示された標準宅地の鑑定評価の参考様式では、間接法の欄が削除され、直接法のみの適用となっている。

ｃ．収益還元法適用上の留意点

収益還元法は、収益用不動産を前提として適用しているものなので、賃貸アパート等が建築可能な住宅地域であれば、収益性からのアプローチは有効である。

しかし、不動産取引市場において収益性よりも快適性を重視され、あるいは地区計画等の規制により賃貸用共同住宅の建築が困難な戸建住宅地域では、収益還元法の適用が困難な場合もある。

図表２－２－14　様式２における収益還元法の記載欄

収益還元法（直接法）							
(17) 総収益	(18) 総費用	(19) 純収益 (17)－(18)	(20) 建物等に帰属する 純収益	(21) 標準的画地の 純収益 (19)－(20)	(22) 未収入期間修正後 の標準的画地の 純収益 (21)×α	(23) 還元利回り (r－g)	(24) 収益価格 (22)÷(23)
（円）	（円）	（円）	（円）	（円）	（円）	（％）	（円）
					（α＝　　　）	（r＝　　） （g＝　　）	
(25) 収益価格を求めることができなかった場合にはその理由						(26) 標準的画地の 地積（㎡）	(27) 1㎡当たり収益価格 (24)÷(26)（円/㎡）

（a）総収益

　対象不動産が更地であるものとして、当該土地に最有効使用の賃貸用建物等の建設を想定し、当該土地及び建物等からなる複合不動産が生み出すであろう総収益を適正に求める。一般に賃貸用建物にあっては、実際支払賃料に、預り金的性格を有する保証金等の運用益、賃料の前払的性格を有する権利金等の運用益及び償却額、並びに駐車場使用料等のその他収入を加えたものが総収益となる。

（b）総費用

　総費用は、総収益に対応した費用として、維持管理費（維持費・管理費・修繕費等）、公租公課（固定資産税・都市計画税等）、損害保険料等をそれぞれ加算して求める。

（c）純収益

　純収益は、一般に年間を単位として総収益から総費用を控除して求める。

（d）建物に帰属する純収益

　ここでは土地と建物が一体となって獲得した純収益から建物に帰属する純収益を差し引いて土地に帰属する純収益を求める（この手法を土地残余法という）。

　建物に帰属する純収益は、建物投資額への期待収益分と建物投資額の回収分からなる。建物に帰属する純収益は、建物の初期投資額に元利逓増償還率（一定率で変動する建物に帰属する純収益の総和が建物の初期投資額と等しくなるような建物の初期投資額に対する利率）を乗じて求める。

（e）標準的画地の純収益

　土地と建物が一体となって獲得した純収益から建物に帰属する純収益を差し引くことにより土地に帰属する純収益が算出される。標準的画地上に最有

効使用の賃貸用建物等の建設を想定しているので、標準的画地の純収益が求められることになる。

（f）未収入期間修正後の標準的画地の純収益

　「更地として」の鑑定評価においては、更地に最有効使用の建物を建築することを想定するので、最有効使用の建物を建築する期間中は収入が得られない。そこで最有効使用の建物を建築する期間分の修正を未収入期間修正率という形で設定し、未収入期間を考慮した土地に帰属する純収益を求める。

（g）還元利回り

　還元利回りは、直接還元法の収益価格の算定において、一期間の純収益から対象不動産の価格を直接求める際に使用される率であり、将来の収益に影響を与える要因の変動予測と予測に伴う不確実性を含む。

（h）収益価格

　未収入期間修正後の標準的画地の純収益を還元利回りで還元することにより求められたものが収益価格であり、これを標準的画地の地積で除することで標準的画地の1㎡当たり収益価格が求められる。

（3）原価法
①原価法の意義

　原価法とは、価格時点における対象不動産の再調達原価を求め、この再調達原価について減価修正を行って対象不動産の試算価格を求める手法である。たとえば建物の価格を求める場合を例に説明すると、建物の価値について、その建物を建築するための費用に対して、築年数が経つこと等による減価分を考慮した現在の価値率（現価率という）を乗じることにより求める手法である。

　この手法は、対象不動産が建物及びその敷地である場合において、再調達

原価の把握及び減価修正を適正に行うことができるときに有効であるが、対象不動産が土地のみである場合においても、再調達原価を適切に求めることができる場合はこの手法を適用することができる。

②原価法の適用について

土地についても再調達原価を求めることができる造成地・埋立地等の場合には適用できるが、標準宅地の多くは再調達原価が把握できない既成市街地にあり、原価法の適用は困難な場合が多いものと考えられる。このため、本書でも手法の解説は省略する。

なお、原価法を適用して積算価格を求めることができなかった場合、様式2では積算価格を求めることができなかった理由を記載することになっており、既成市街地の宅地であり土地の再調達価格の把握は困難である等と記載されることになる。

図表2－2－15　様式2における原価法の記載欄

原価法												
(28) 区分	(29) 素地の 取得原価 (円/㎡)	(30) 事情補正	(31) 時点修正	(33) 造成 工事費 (円/㎡)	(34) 事情補正 及び 標準化補正	(35) 時点修正	(37) 付帯費用 (円/㎡)	(38) 事情補正 及び 標準化補正	(39) 時点修正	(41) 有効宅地化率 で除した価格 ((32)+(36)+ (40))÷有効宅 地化率 (円/㎡)	(42) 地域要因 の比較	(43) 再調達原価 (41)×(42) (円/㎡)
直接法		$\frac{100}{[\quad]}$	$\frac{[\quad]}{100}$		$\frac{100}{[\quad]}$	$\frac{[\quad]}{100}$		$\frac{100}{[\quad]}$	$\frac{[\quad]}{100}$	(　　　%)	$\frac{100}{[\quad]}$	
間接法	(32)補修正後の価格 (29)×(30)×(31)			(36)補修正後の価格 (33)×(34)×(35)			(40)補修正後の価格 (37)×(38)×(39)					

(44) 熟成度修正 $\frac{[\quad]}{100}$	(45)1㎡当たり積算価格を求めることができなかった場合にはその理由	(46)1㎡当たり積算価格 (43)×(44)　　(円/㎡)

（4）様式2における留意点

　様式2に関する点検通知の内容は次表のとおりで、ここでは必要に応じて適宜コメントを加えている。

図表2－2－16　様式2における留意点

<table>
<tr><th colspan="2">項目</th><th>内容</th></tr>
<tr><td rowspan="22">取引事例比較法</td><td rowspan="2">（4）所在</td><td>複数の取引事例が記載されているか。</td></tr>
<tr><td>近隣地域又は同一需給圏内の類似地域等の取引事例であるか。</td></tr>
<tr><td>（5）地積</td><td>標準的画地の画地規模（様式4「（27）地積」）との類似性は適切か。
（取引事例の画地規模が何らかの影響を及ぼしている場合には、事例地の個別的要因の標準化補正又は地域格差で考慮されることになる）</td></tr>
<tr><td>（6）取引時点</td><td>価格時点（令和5年1月1日）との接近性は適切か。</td></tr>
<tr><td rowspan="2">（8）事情補正</td><td>取引に売り急ぎ、買い進み等何らかの不正常な要素（100以外の数値）が含まれている場合には、補正率は妥当か。</td></tr>
<tr><td>また、その理由は合理的なものか。</td></tr>
<tr><td>（9）時点修正</td><td>取引時点からの時点修正が、地価公示や地価調査の変動率に比して、正しく反映されているか。</td></tr>
<tr><td>（10）建付減価の補正</td><td>様式4「（43）最有効使用」との比較において補正率は適切か。</td></tr>
<tr><td>（11）事例地の個別的要因の標準化補正</td><td>補正率は妥当か。その理由は合理的なものか。</td></tr>
<tr><td>（12）推定価格</td><td>計算誤りはないか。</td></tr>
<tr><td>（13）地域要因の比較</td><td>対象地が含まれる近隣地域と取引事例地が含まれる地域との地域要因の比較は適切か。
補正率は妥当か。その理由は合理的なものか。</td></tr>
<tr><td>（8）～（11）及び（13）各種補修正</td><td>同一の取引事例地を使用した複数の鑑定評価書において、同一の事例地の補修正率に矛盾がないか。</td></tr>
<tr><td>（14）比準した価格</td><td>計算誤りはないか。
取引事例が少ない等、やむを得ない理由から、複数の鑑定評価書で同一の取引事例地を使用している場合、比準した価格の序列等に差異がないか。</td></tr>
<tr><td>（15）1㎡当たり比準価格決定の理由の要旨</td><td>1㎡当たり比準価格決定の理由は、一般に納得の得られるものであるか。</td></tr>
</table>

	項目	内容
収益還元法	(17)総収益に対する(18)総費用の割合	複数の鑑定評価書における賃貸事例の比較上、極端な差異がないか。
	(23)還元利回り	率の採用・ばらつきに合理的な説明がつくか。標準宅地間の整合性はとれているか。
	(25)収益価格を求めることができなかった場合にはその理由	収益還元法による価格が求められない場合の理由は、一般に納得の得られるものか。
	(26)標準的画地の地積	様式4「(27)地積」と一致しているか。
	(27)1㎡当たり収益価格	「(16)1㎡当たり比準価格」と著しくかい離していないか。
原価法	対象地は原価法を適用することが適当な土地かどうか。	
	(45)1㎡当たり積算価格を求めることができなかった場合にはその理由	(28)～(46)に記載が無い場合に、その理由が記載されているか。(造成地・埋立地等以外の場合には通常適用が困難である。)

4．様式3《鑑定評価額の決定の理由の要旨（その2）》の見方

様式3では、標準価格の査定と鑑定評価額の決定のプロセスが示される。

(1) 公示（基準）価格を規（比）準とした価格

①公示価格を規準とした価格

鑑定士は地価公示法第8条の規定により、地価公示法施行規則第1条第1項に規定する国土交通大臣が定める公示区域において土地の正常価格を求める場合には、公示価格を規準とすることが義務づけられている。公示価格を規準とするとは、対象土地に類似すると認められる一または二以上の公示地を選択し、それぞれの位置、地積、環境等の価格形成要因と公示地のそれとを比較検討することにより各公示地の価格と対象土地の価格との間に均衡を保たせることをいう。

地価公示は毎年1月1日現在の価格が3月20日前後に官報に公示されるため、価格時点が令和5年1月1日で、標準宅地に係る鑑定評価書の提出が令和5年3月末とされる場合には令和5年の公示価格を記載するが、時間的に間に合わない場合（令和4年の公示価格を用いる場合）は時点修正を適切に

行うことにより、令和5年の公示価格との均衡が保たれるようにする必要がある。

②基準地価格の標準価格から比準した価格

　規準とすべき公示価格がない場合においては、基準地の標準価格から比準して、本件鑑定評価における標準価格が基準地の標準価格との均衡が保たれるようにする必要がある。

図表2-2-17　様式3における公示（基準）価格を規（比）準とした価格の記載欄

公示(基準)価格を規(比)準とした価格					
(47) 標(基)準地番号	(48) 公示(基準)価格 (円/㎡)	(49) 時点修正	(50) 個別的要因の 標準化補正	(51) 地域要因の比較	(52) 規(比)準価格 (48)×(49)×(50)×(51) (円/㎡)
標準地 —	年　月 補正項目 補正率の内訳	[　　] 100	100 [　　]	100 [　　]	
基準地 —	年　月 補正項目 補正率の内訳	[　　] 100	100 [　　]	100 [　　]	

（2）市場の特性

①「市場の特性」記載の意義

　地域分析における対象不動産に係る「市場の特性」の把握について、鑑定評価基準では「同一需給圏（※）における市場参加者がどのような属性を有しており、どのような観点から不動産の利用形態を選択し、価格形成要因について判断を行っているかを的確に把握することが重要である。」とされ、さらに「同一需給圏における市場の需給動向を的確に把握する必要がある。」とされている。

また、把握した「市場の特性」について、近隣地域における標準的使用の判定や鑑定評価手法の適用、試算価格の調整等における判断において反映させるべきであり、鑑定評価書参考様式においても、様式3で「市場の特性」を記載することが求められている。

※「同一需給圏」とは、一般に対象不動産と代替関係が成立して、その価格の形成について相互に影響を及ぼすような関係にある他の不動産が存在する圏域のことをいい、「近隣地域」及び近隣地域と相関関係にある「類似地域」等を含む広域的な圏域をいう。

②「市場の特性」記載内容
　市場の特性の記載欄には、同一需給圏における市場参加者がどのような属性を有しており、どのような観点から不動産の利用形態を選択し価格形成要因についての判断を行っているかに関して、鑑定士等が対象不動産に係る市場の特性として把握した事項を記載する欄である。
　さらに同一需給圏における市場の需給動向についても記載される。
　記載される主な事項は以下のとおりである。

ａ．同一需給圏における市場参加者の属性
業務用不動産……　主たる需要者層及び供給者層の業種、業態、法人か個人かの別、需要者の存する地域的な範囲
居住用不動産……　主たる需要者層及び供給者層の年齢、家族構成、所得水準、需要者の存する地域的な範囲

ｂ．同一需給圏における市場参加者の行動
　①で把握した属性を持つ市場参加者が取引の可否、取引価格、取引条件等について意思決定する際に重視する価格形成要因の内容

ｃ．同一需給圏における市場の動向

ア　同一需給圏内に存し、用途、規模、品等等が対象不動産と類似する不動産に係る需給の推移及び動向

イ　アで把握した需給の推移及び動向が対象不動産の価格形成に与える影響の内容及びその程度

（3）試算価格の調整と標準価格の査定

　試算価格の調整は、各試算価格の再吟味と各試算価格が有する説得力に係る判断からなる。

①各試算価格の再吟味

　再吟味の過程は、鑑定評価の手順の各段階について見直し、誤りなく適切に行われているか、整合性がとれているかについて客観的、批判的に検証し、その結果を試算価格にフィードバックして再計算する作業を繰り返すことによって各試算価格の精度と信頼性を可能な限り向上させる作業をいう。

　この場合に留意すべきこととされているのが次の事項である。

・資料の選択、検討及び活用の適否

・不動産の価格に関する諸原則の当該案件に即応した活用の適否

・一般的要因の分析並びに地域分析及び個別分析の適否

・各手法の適用において行った各種補正、修正等に係る判断の適否

・各手法に共通する価格形成要因に係る判断の整合性

・単価と総額との関連の適否

②各試算価格が有する説得力に係る判断

　各試算価格が有する説得力に係る判断にあたって、留意すべきとされているのが次の事項である。

ａ．対象不動産に係る地域分析及び個別分析の結果と各手法の適合性

「地域分析及び個別分析の結果」は「市場分析の結果」と読みかえることができる。試算価格の説得力の判断は、試算価格が現実の市場の需給動向を正確に反映しているか、市場参加者の行動原理（判断基準）をどの程度反映しているかが決め手となる。

ｂ．各手法の適用において採用した資料の特性及び限界からくる相対的信頼性

試算価格の説得力は採用資料に依存する。採用資料の質と量の見極めに関する鑑定士の判断がここに示されることになる。

試算価格の調整で求められた「１平方メートル当たり標準価格」が、固定資産税評価における市街地宅地評価法において活用される価格となる。

（4）評価対象地（対象標準宅地）の鑑定評価額の決定

近隣地域の状況と対象地の画地条件等を比較して、価格修正を必要とする個別的要因の有無を判定したうえで、個別的要因の格差率を査定し、対象標準宅地の鑑定評価額を決定する。

鑑定評価額のうち「１平方メートル当たり価格」は、原則として固定資産税評価におけるその他の宅地評価法で活用される価格となる。

（5）様式３における留意点

様式３に関する点検通知の内容は次表のとおりで、ここでは必要に応じて適宜コメントを加えている。

図表２－２－18　様式３における留意点

項目		内容
公示（基準）価格を規（比）準とした価格	(47)標(基)準地番号及び(48)公示(基準)価格	標準地は令和５年地価公示から選択されているか。 （鑑定評価を行った日との関係で、令和４年地価公示の場合もありうる。）
		基準地は令和４年地価調査から選択されているか。
		官報（公報）価格と一致しているか。
	(49)時点修正	令和４年地価調査価格の時点修正は適正か。 令和５年地価公示価格の時点修正率は100であるか。 （令和４年地価公示の場合は時点修正される。）
	(50)個別的要因の標準化補正	補正率の内訳は、形状等に照らして適正か。 規（比）準する地価公示等を標準宅地として活用する場合の意見書に記載された補正率等との間に矛盾がないか。
	(51)地域要因の比較	補正率の内訳は、環境条件等に照らして適正か。 補正率が大きすぎないか。
	(52)規(比)準価格	計算誤りはないか。
(53)市場の特性		市場の特性に、市場の需給動向及び市場参加者に関する記載があるか。
(54)試算価格の調整と標準価格の査定及び(55)１平方メートル当たり標準価格		試算価格の調整作業と「(53)市場の特性」とが整合性がとれた内容となっているか。
		「(55)１平方メートル当たり標準価格」の決定に至る経過が矛盾なく記載されているか。 試算価格、規（比）準価格と著しくかい離していないか。 かい離している場合には、その理由は納得の得られるものか。
(56)評価対象地（対象標準宅地）の鑑定評価額の決定		決定に至る過程が矛盾なく記載されているか。 標準価格と個別的要因の格差率が適正に反映されたものであるか。 計算誤りはないか。
(57)個別的要因の格差率の内訳		標準的画地と対象標準宅地との比較は適正か。 当該土地の角地、二方路線地等の補正の内容が記載されており、合計格差率に計算間違いがないか。

5．様式4《標準宅地調書》の見方

（1）近隣地域の状況

　近隣地域の状況欄は、標準宅地（対象地）の属する近隣地域の範囲、価格形成要因、標準的使用を記載したもので、様式3　(55)「1平方メートル当たり標準価格」に対応するものとなる。

図表2－2－19　標準宅地調書の記載欄

1．近隣地域の状況（標準価格査定の根拠）

（5）近隣地域の範囲				
街路条件	（6）道路幅員・舗装の有無	（幅員）　　　m　　　（舗装）　有　　無		
	（7）道路の種別	国道・都道府県道・市町村道・私道・その他（　　　　） 路線名（　　　）		
	（8）道路の系統・連続性	優　普通　劣		
	（9）その他			
交通・接近条件	（10）最寄駅への距離	線　　　　　駅　　　　m（道路・直線）		
	（11）最寄バス停への距離	バス停　　　　m（道路・直線）		
	（12）圏域の中心（住宅地域）	から　　　　　m（道路・直線）		
	（13）商業中心への接近性（商業地域）	から　　　　　m（道路・直線）		
	（14）幹線道路への距離（工業地域）	から　　　　　m（道路・直線）		
	（15）その他			
環境条件	（16）供給処理施設	上水道　有　無　下水道　有　無　都市ガス　有　無		
	（17）公害・嫌悪施設の影響（住宅地域）	有　　無 （施設名　　　　　　　　）		
	（18）自然的状態（住宅地域）	平坦地・高台地・低地・傾斜地・埋立地・その他（　　　）		
	（19）地域の種別（商業地域）	高度商業地域・準高度商業地域・普通商業地域・近隣商業地域・郊外路線商業地域・その他（　　　）		
	（20）土地区画整理事業・市街地再開発事業等	施行済・施行中・未施行・事業計画なし		
	（21）その他			
行政的条件	（22）区域	市街化区域・市街化調整区域・非線引都市計画区域・準都市計画区域・都市計画区域外		
	（23）用途地域	1低専・2低専・1中専・2中専・1住居・2住居・準住居・近商・商業・準工・工業・工専・その他（　　　）		
	（24）容積率等	指定建ぺい率　　　　%　容積率（指定・基準）　　　%　　　%		
	（25）防火規制	防火地域・準防火地域・無		
	（26）その他			
標準的画地	（27）地積（㎡）		（28）形状	正方形・ほぼ正方形・長方形・ほぼ長方形・台形・ほぼ台形・不整形・ほぼ整形
	（29）間口（m）		（30）接面関係	中間画地・角地・準角地・（　）方路地
	（31）奥行（m）		（32）高低差	等高・高低差（　～　m高・低）
	（33）その他			
（34）標準的使用				

114

①近隣地域とは

「近隣地域」とは、鑑定評価基準では「対象不動産の属する用途的地域であって、より大きな規模と内容とを持つ地域である都市あるいは農村等の内部にあって、居住、商業活動、工業生産活動等人の生活と活動とに関して、ある特定の用途に供されることを中心として地域的にまとまりを示している地域」とされ、対象不動産の価格の形成に関して直接の影響を与えるような地域の特性を持っている地域とされている。

近隣地域の状況には、地域の地価形成に影響を持つ地域要因を記載し、対象不動産の属する地域の範囲や地域において一般的・標準的な不動産の形状・規模・使用方法（標準的使用）等を判定している。

②「近隣地域」と「状況類似地区（域）」の比較

下表は、鑑定評価における近隣地域と固定資産税評価における状況類似地区（域）を比較したものである。

図表２－２－20

鑑定評価における近隣地域と固定資産税評価における状況類似地区（域）

近隣地域	状況類似地区（域）
対象不動産の属する用途的地域であって、より大きな規模と内容とを持つ地域である都市あるいは農村等の内部にあって、居住、商業活動、工業生産活動等人の生活と活動とに関して、ある特定の用途に供されていることを中心として地域的にまとまりを示している地域で、対象不動産の価格の形成に関して直接に影響を与えるような特性を持つ	状況類似地域：各用途地区を、街路の状況、公共施設等の接近の状況、家屋の疎密度その他の宅地の利用上の便等からみて相当に相違する地域ごとに区分した地域 状況類似地区：「宅地の比準表」の適用が可能となるように「利用状況による地区区分」を行い、さらに宅地の価格に影響を及ぼす要素すなわち宅地としての利用上の便等を総合的に考慮したうえで、おおむねその状況が類似していると認められる地区ごとに、区分された地区

③街路条件

街路が及ぼす影響に着目した条件であり、道路の幅員・種別などをいう。

④交通・接近条件

利便性に着目した条件で、最寄駅への距離、最寄バス停への距離のほか、住宅地域であれば圏域の中心、商業地域であれば商業中心への接近性等が記載される。

なお、距離については、道路距離または直線距離の区分を明示する。

⑤環境条件

周辺環境に関わる条件で、上・下水道・ガス等の供給処理施設の状態をはじめ、住宅地域であれば公害・嫌悪施設の影響及び自然的状態、商業地域であれば地域の種別等が記載される。

⑥行政的条件

土地利用に関する計画及び規制の状態等の条件で、公法上の規制に係るものは、ここで記載される。

⑦標準的画地

標準的画地の欄には鑑定士が近隣地域における「標準的な土地」と判断した画地条件等が記載される。

⑧標準的使用

標準的画地とともに、近隣地域で一般的・標準的な不動産の使用方法が標準的使用として記載される。

標準的使用が、固定資産税評価における用途地区と矛盾していないかチェックすることが必要となる。

（2）評価対象地（対象標準宅地）の状況

　評価対象地である対象標準宅地の状況は、様式（58）「鑑定評価額」決定の根拠となる。

①画地条件

　画地条件は原則として市町村で記入する（または、記入すべき内容を別途示す）。これは、市町村における当該標準宅地の画地認定状況にしたがった画地条件で鑑定評価を行うためである。

　また、評価対象地（対象標準宅地）の状況欄には、画地条件以外の価格形成要因の記入欄がない。これは当該鑑定評価の依頼目的が「固定資産税標準宅地の適正な時価を求めるための基礎資料」にあることから、画地条件以外は近隣地域の状況欄と同じ価格形成要因を有した評価が必要なためである。

②利用の状況

　鑑定士が現地調査等で把握した対象標準宅地の利用の状況を記載する欄である。価格時点における利用状況が記載されるが、用途地区区分等との関連から、標準宅地として相応しくない場合には、選定替えをする等の対応を検討することも必要となる。

③最有効使用

　「最有効使用」とは、不動産の効用が最高度に発揮される可能性に最も富む使用方法をいう。この場合の最有効使用は、現実の社会経済情勢の下で客観的にみて、良識と通常の使用能力を持つ人による合理的かつ合法的な最高最善の使用方法をいう。

　なお、ある不動産についての現実の使用方法は、必ずしも最有効使用に基づいているものではなく、不合理なまたは個人的な事情による使用方法のために当該不動産が十分な効用を発揮していない場合がある。

　最有効使用が標準的使用と異なっている場合は標準宅地の選定に問題があ

る可能性があるので検討する必要がある。

（3）様式4における留意点

　様式4に関する点検通知の内容は下表のとおりで、ここでは必要に応じて適宜コメントを加えている。

図表2-2-21　様式4における留意点

項　目	内　容
近隣地域の状況	近隣地域の状況が、記載されている内容と相違していないか。 （評価時点に即応した内容であるかどうか。） 記載漏れがないか。
（5）近隣地域の範囲	近隣地域の範囲と状況類似地域（地区）の範囲に極端な差がないか。
交通・接近条件	予め統一して決めた距離区分となっているか。
街路条件「（9）その他」、交通・接近条件「（15）その他」、環境条件「（21）その他」及び行政的条件「（26）その他」	記載された内容は妥当であるか。
標準的画地	標準的画地の設定は適切か。 （なるべく固定資産税評価上の補正が入らない画地を想定しているか。）
（34）標準的使用	標準的使用が、固定資産税評価における用途地区と矛盾していないか。
（42）利用の現況	令和5年1月1日の状況になっているか。 更地又は駐車場等として利用されていないものであるか。 「（34）標準的使用」と適合するか。 「（43）最有効使用」との間に矛盾がないか。

第 3 章

主要な街路の路線価の付設

　本章は、市街地宅地評価法において、鑑定評価に基づいて主要な街路の路線価をどのように付設するかとともに、その他の宅地評価法において標準宅地を活用する際の留意点を説明する。

1．データの整合性

　主要な街路の路線価を付設するにあたって、まず、鑑定評価書の様式４「標準宅地調書」と主要な街路のデータの整合性を確認しなければならない。すなわち、鑑定士が評価の前提として採用した土地の価格形成要因と市町村が路線価を付設する際に採用している要因、この両者の整合を図ることが必要である。

　例えば、主要な街路の幅員データを４m、その他の街路の幅員５mとして路線価を付設すると、その他の街路は幅員４mの主要な街路と比較して街路条件が優ることから比準の増価要因として取り扱われることとなる。一方で、鑑定評価において標準宅地の前面幅員を５mとして評価していた場合には、その他の街路が幅員５mであることは増価要因とはならないはずである。このように標準宅地調書の内容と主要な街路のデータに不整合があると、評価上の不均衡が生じてしまうこととなる。

図表2－3－1　データの整合性が必要なケース

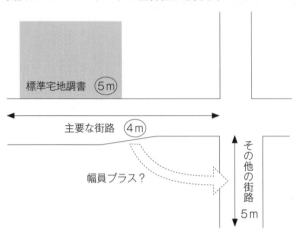

　したがって、主要な街路の路線価を付設する前段階として、道路幅員、道路の種別、供給処理施設、用途地域等の路線価の比準表に採用している要因を中心として、データの整合性を確認しなければならない。

　また、価格の説明力確保の観点から、固定資産税評価における用途地区と鑑定士の判断した標準的使用が整合していることが必要である。例えば、用途地区が普通商業地区であるにもかかわらず、鑑定士が標準的使用を低層住宅地と判断すると、画地計算における側方加算率等の補正率の説明性が低くなる。

２．標準的画地の標準価格と主要な街路の路線価

　データの整合性を確認した後に、鑑定評価書に記載される「１平方メートル当たり標準価格」を用いて、主要な街路の路線価を付設する。ここでは、平成４年８月20日付自治省税務局資産評価室土地係長事務連絡「鑑定評価書に係る「１平方メートル当たり標準価格」の取扱いについて」及び平成７年９月19日付自治省税務局資産評価室土地係長事務連絡「鑑定評価書に係る「１平方メートル当たり標準価格」の取扱い等について」を中心に説明を

行う。

　標準的画地とは、鑑定士が評価にあたり想定する画地であり、近隣地域において個別的要因が標準的な土地である。よって、標準的画地の価格である標準価格は、角地や不整形地等の個別的要因を織り込まない価格となる。ここで、路線価とは、「街路に沿接する標準的な画地の単位地積当たりの価格」をいうことから、路線価の付設にあたっては、角地や不整形地等の個別的な要因を考慮していない価格とすることが前提となる。よって、「原則として鑑定評価書様式における『１平方メートル当たり標準価格』を基に、その７割を路線価として付設する」こととなる。

　ただし、鑑定士が設定した標準的画地が評価基準別表第３（画地計算法）の適用を受ける形状等であり補正率が生ずる場合には、標準価格を当該補正率で割り戻して主要な街路の路線価を付設することとなる。例えば、普通住宅地区で標準宅地調書（様式４）に記載された標準的画地の奥行が９ｍであった場合、固定資産税評価上の奥行価格補正率は0.97となり、主要な街路の路線価は鑑定評価の標準価格を0.97で割り戻した価格の７割をもって付設しなければならない。

図表２－３－２　標準価格の割り戻しが必要なケース

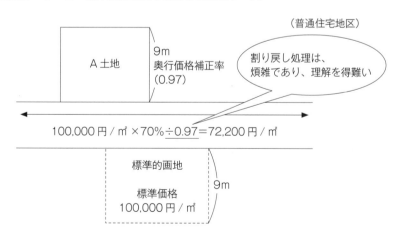

このような割り戻し処理は事務上煩雑であり、割り戻しの結果、鑑定評価書の標準価格よりも高い価格を主要な街路の路線価として付設することとなるため、納税者への説明に苦慮することが想定される。したがって標準的画地の設定にあたっては、原則として、鑑定士と協議のうえ固定資産税評価上の補正率が生じないように判定することが重要である。

　割り戻し処理が必要な場合としては、地区計画等により最低敷地面積等が規定されている場合や、標準的使用が中高層共同住宅地であり画地規模が大きい場合等が考えられる。鑑定評価における標準的画地とは、鑑定士が鑑定評価を行ううえで近隣地域において個別的要因が標準的な土地として設定する想定上のものであるが、想定上とはいえ公法上の規制等に適合している必要がある。よって、地区計画等で最低敷地面積が200㎡などと規定されている場合は標準的画地を100㎡とすることはできず、最低敷地面積の内容によっては割り戻し処理が不要な間口、奥行を有する標準的画地が設定できないこととなる。

　なお、このように地区計画等で割り戻しが必要な標準的画地を設定せざるを得ない場合は、地区計画が設定されている地域にのみ限定的に、評価基準別表第3（画地計算法）の補正率に対して所要の補正を行う方法も考えられる。地域の標準的画地に割り戻し処理が必要であるということは、理論的には割り戻しが必要な標準的画地こそが、各種の補正を必要としない個別的要因が標準的な土地であるといえる。したがって、地区計画区域にのみ限定的に補正率に所要の補正を行うことにより、標準的画地の標準価格が地域において補正のない標準的な価格となり、整合性のある評価を行うことができることとなる。ただし、実務上は補正率の所要の補正を検討することは困難な場合が多い。

　参考までに、固定資産税評価上の補正がかからない奥行等は次のとおりである。

図表2-3-3　固定資産税評価上の補正がかからない奥行等

用途地区	奥行距離	間口距離	奥行／間口
高度商業Ⅰ	24m以上72m未満	28m以上	―
高度商業Ⅱ	14m以上48m未満	8m以上	3未満
繁華街	12m以上28m未満	4m以上	3未満
普通商業・併用住宅	12m以上32m未満	6m以上	3未満
普通住宅	10m以上24m未満	8m以上	2未満
中小工場	20m以上60m未満	10m以上	3未満
大工場	20m以上	28m以上	―

3．その他の宅地評価法における標準宅地の活用

　その他の宅地評価法においては、原則として鑑定評価額（1平方メートル当たり価格）の7割を標準宅地の1平方メートル当たりの評点数として付設し、評価基準別表第4「宅地の比準表」に基づき同一状況類似地区内の各筆（画地）の評点数を付設することとなる。

　ただし、平成7年の事務連絡にあるとおり、標準宅地に何らかの極端な補正がなされており、かつ、その他の宅地の評価に不均衡を及ぼす場合に限っては、「1平方メートル当たり標準価格」を用いる等、状況に応じた対応を行うこと、とされていることからその他の宅地評価法においても、市街地宅地評価法のように標準価格を用いる場合があることに留意する必要がある。

　また、標準宅地の選定にあたっては、状況類似地区内の状況や所要の補正をも考慮したうえで、最終的な評価がどのようになされるかをふまえることが必要である。例えば、標準宅地が状況類似地区内において住環境が良好な地点に存在する一方で、同一状況類似地区には河川沿いにあるため住環境が劣る評価対象地が数多くあったとする。市街地宅地評価法では、路線価評定において住環境等の環境条件でマイナスの補正を行うことができる。しかしながら、その他の宅地評価法においては、所要の補正で住環境の比準または補正を行わない限りは、住環境が劣る河川沿いの評価対象地の評価額は、住環境が良好な標準宅地と同水準になってしまう危険性がある。したがって、

実務上は最終的な地域内の土地の評価を意識して、標準宅地を選定すること
が望ましい。

第 3 篇

固定資産税の土地評価
～各論～

第 1 章

広大地の評価

　広大地の価格は、一般的にその画地規模の大きさから総額がかさむため、規模の増大に比例してその単価が低下するという印象があるかもしれない。しかし実際には、小規模に細分化された土地に比べて、ある程度まとまった規模の土地の方が単位面積あたりの効用が増加することがあり、この場合には画地規模が大きいことはその価格を高める要因となる。このように、広大地の価格は画地規模の大小だけでは判断できない複雑な要因により左右され、一概に広大地は価格が低下するとはいえないものである。

　また、広大地は、通常、画地規模の増大に応じて奥行が長くなるが、奥行（規模）による影響は、固定資産税評価における奥行価格補正率の適用によって一定の減価が考慮されていることも忘れてはならない。

　したがって、広大地の評価にあたっては、広大地の特性を理解し、その立地条件と土地利用状況に応じた評価方法を検討しておく必要があり、本章では、その価格形成と評価上の留意点について検討する。

1．広大地の価格形成

（1）広大地とは標準的な画地と比較した場合の相対的な概念

　広大地とは、大規模地、面大地とも呼ばれ、多義多様な概念であるが、一般的には、地域的特性等を考慮し、標準的な画地の規模と比較して相対的に大きいと認められる程度の面積を有する土地を指すものである。すなわち、用途別・地域別に標準的な画地の規模を捉えたうえで、広大地の規模はそれとの比較により考えることになる。

図表３－１－１　広大地の概念

（2）土地の効用と規模

　土地の規模は、土地利用の基本的な条件になるものであり、過大であっても過小であってもその土地の効用は十分に発揮されない。したがって、適度の規模が必要とされるのであるが、土地は一般的にその属する地域の用途、公法上の規制等により、その地域で最大の効用を発揮しうると考えられる最適規模（あるいは最適開発規模）が定まってくる。その最適規模を超えると、単位面積あたりの有効利用度は最適規模の場合よりも低下するのが通例であり、したがって広大地は、その規模が大きいことが個別的要因（画地条件）として減価要因になるケースが多い。広大地が減価要因になりやすいケースとして、例えば、戸建住宅が多くみられる地域に立地する大規模な更地（開発素地）が挙げられる。

　一方、地域の最適規模を超える場合においても、広大地が細分化された土地利用に比べて単位面積あたりの土地の効用が増加するケースがあり、この場合、その規模が大きいことが逆に増価要因になる。例えば、オフィスビルやマンションの立地等高度利用が可能な広大地の場合や、大型店舗や大型物流施設等の１フロアあたりの有効床面積の大きい賃貸建物に対する需要が認められるような場合には、規模が大きいことが増価要因となりうる。

　このように、立地状況に応じていろいろなケースが考えられ、土地の規模の大小によって、どちらが価値的に高いかということは一概にはいえないものである。

（3）規模の増減価要因の整理

土地の規模は、地域の特性や不動産市場の状況などに応じて、以下のような増減価要因として取り扱われる。

①規模による減価

a. 利用効率が劣ることによる減価

都市の郊外部など土地の高度利用が進んでいない地域においては、規模の大きい画地は一般的に標準的な画地と同等の規模に分割利用される。その場合、広大地の一部に道路・公園等の公共潰地（以下、「潰地」という）が生じるほか、費用負担として造成工事費、供給処理施設の整備費、開発準備・工事期間に対応する借入金利負担、開発指導要綱に基づく負担金等を要するため、標準的な規模の画地よりも価格が低下する傾向にある。

b. 裏地を含むことによる減価

価格水準が異なる複数の地域にまたがって画地が存する場合、土地への主な進入路となる接面街路（固定資産税評価でいう「正面路線」）からの奥行が長くなるにつれて、価格水準の低い部分（裏地）が多く含まれることになるため、価格が低下する傾向にある。

②規模による増価

a. 稀少性による増価

一般的に、既成市街地内に広大地を見いだすことは困難であり、相対的に供給が限定されるため、需要との比較において増価要因となる場合がある。

b. 用途の多様性による増価

小規模な画地は物理的にも経済的にも用途が限定されるのに対し、規模が大きい場合は高層マンション、商業・レジャー施設、研究施設、病院・学校等の公共公益施設など、公法上可能な範囲で多様な用途に供される可能性（用途の多様性）がある。また、当該広大地だけでまとまった良好な環境を創出することができ、独自の計画により様々な利便施設を計画的に取り入れる

ことが可能となる。

　　c．高度利用の可能性による増価

　一般に、土地が地域の標準的画地規模（例：戸建住宅敷地）より大きく、かつ、その最有効使用が地域の標準的使用と異なる（例：共同住宅敷地）場合に、周辺土地と比較して土地の高度利用が可能なことから増価が生じることがある。また、土地は規模が大きい方が建築設計上の自由度が高い場合が多く、総合設計制度等の活用による高度利用の可能性も高まる。

③規模による増減価（市場性による増減価）

　不動産を購入する場合、総額は予算に制約されるが、支出あるいは投下資本の総額の巨大化が価格（単価）へどのように影響するかというのが、単価と総額との関連の問題である。例えば、大型の物件は総額がかさみ取引参加者は法人に限定されるため単価的には割安になる、あるいは総額が小さいと個人でも買いやすく単価的には割高になる、といった場合がこれに当たる。

　購入予算については、現在または将来の経済動向についての見通し等を含めたマクロ的な要因及び該当物件に係る希少性等を加味して決定されるが、それは広大地の需要者にとっても同様であり、特に広大地についてはその供給量が少ないこと、また、需要者が相対的に少ないことから経済事情による影響を大きく受けることになる。

（4）規模と個別性
①価格形成要因の影響の多様性

　広大地は、その規模・形状、道路との接面条件等が様々であり、上記「利用効率が劣ることによる減価」、「裏地を含むことによる減価」の影響も様々である。

　例えば、多方路地や間口の大きい広大地の場合、仮に区画分割を行うとしても接面する道路を有効に使うことにより潰地の発生をある程度抑えることができるため、そのような場合は減価を考慮する必要性は低くなる。また、

潰地の発生が想定されるとしても、開発道路や提供公園などの整備により周辺の住宅地域と比較して住環境が良好になること、さらに広大地を区画割りして戸建住宅敷地を分譲する場合、周辺の戸建住宅敷地と比較して規模が小さくなること等から分譲単価が上昇することもあり、その場合は潰地の発生に伴う減価が相殺されることもある。

このように、複雑な要因が絡み合う広大地の評価にあたっては、価格形成要因の影響を的確に反映するためにどのような評価方法を採用するかを十分検討するとともに、評価方法に適合した標準宅地の選定・鑑定評価を行うことが重要である。

また、広大地の地域の特性やその時々の経済情勢によっては、周辺の土地利用とは異なる利用が可能となる場合があり、例えば、同じ大工場地区に存する広大地でも用途の転換が困難なもの、マンション開発、商業開発が可能なもの等、「市場性による増減価」の影響は多様であり、個別性が強い。

特に、市街地再開発や地区計画等の都市計画に基づく開発は様々な規制が適用されるが、開発後は広大地として土地利用される場合が多く、隣接する街区とは土地利用の状況が大きく異なることがある。また、ビル街区や高度商業地区においては、隣接する街区と同じような土地利用であっても、開発地ごとに規制の内容が異なることが多く、鑑定評価においてはそうした規制を地域要因として考慮できる場合もあれば、地域要因ではなく個別的要因として考慮する場合もある。さらに、こうした広大地は、規模が大きいが故に周辺地域よりも優位性のある開発が可能となることを考えれば、面大増価が発生していることが十分に考えられる。

一方、再開発等による価値の増進をどのように捉えるか、それは面大増価と区分して捉えることが可能か、という点については、市街地再開発や地区計画に基づく各種の土地利用規制について、評価方法を整理、体系化することが必要である。

②画地の形状（不整形）の影響

規模が大きい土地の形状は、不整形である場合も多い。

評価基準には「不整形地補正率表を運用するに当たつて、画地の地積が大きい場合等にあつては、近傍の宅地の価額との均衡を考慮し、不整形地補正率を修正して適用するものとする。」と規定されている。

これは、規模が大きな不整形地であれば、建築レイアウトの制約が小さい等の理由により、有効に利用できる可能性が高いことに鑑みての規定であると考えられ、規模が大きいことは、一般的に不整形地の減価を弱める方向に働くものである。

2．他の土地評価制度における広大地の評価方法

（1）鑑定評価における広大地評価の考え方

①鑑定評価における広大地の評価手法

更地の鑑定評価は取引事例比較法による比準価格、収益還元法による収益価格、さらに再調達価格が把握できる場合には原価法による積算価格を関連づけ、鑑定評価額を決定するが、さらに広大地の評価は、鑑定評価基準において次のように示されている。

> 当該更地の面積が近隣地域の標準的な土地の面積に比べて大きい場合等においては、さらに次に掲げる価格を比較考量して決定するものとする（この手法を開発法という。）。
>
> （1）一体利用をすることが合理的と認められるときは、価格時点において、当該更地に最有効使用の建物が建築されることを想定し、販売総額から通常の建物建築費相当額及び発注者が直接負担すべき通常の付帯費用を控除して得た価格
>
> （2）分割利用をすることが合理的と認められるときは、価格時点において、当該更地を区画割りして、標準的な宅地とすることを想定し、販売総額から通常の造成費相当額及び発注者が直接負

担すべき通常の付帯費用を控除して得た価格

　この開発法によって求める価格は、ディベロッパー等の投資採算性に着目した手法であり、評価対象地に分譲マンション等を建築し、画地全体を一体として利用することが合理的と判断される場合と、標準的な宅地規模に区画割りし、分割して利用することが合理的と判断される場合がある。

②鑑定評価における広大地評価の留意点

　鑑定評価の実務において、最有効使用が住宅系の用途となる広大地は開発法を適用するが、商業系、若しくは工業・物流系の用途の場合は、通常、賃貸用建物の敷地としての一体利用を前提とすることから、開発法は適用せずに収益還元法による価格を重視して鑑定評価額を決定することが多い。一体利用を前提とした場合、規模が大きいことから必ず減価が発生するのではなく、むしろ増価となる場合がある。

　例えば、①オフィスビル・マンション立地等の高度利用が可能、かつ広大地について旺盛な需要がある場合、②オフィスビル・店舗ビル・物流施設等で１フロアあたりの有効床面積が大きい賃貸建物に対する需要があり、一体利用による効用または収益の増加が明らかである場合等が挙げられる。この場合、取引事例比較法では類似の広大地に係る取引事例の市場性が反映され、収益還元法では１フロアあたりの有効床面積が大きいことによるメリットが想定賃料や還元利回りに反映される。また、一体利用を前提とした開発法では、高層・超高層階住戸の市場性や充実した共用施設を備えるメリットは分譲価格や販売期間に反映される。

　このように鑑定評価における広大地評価では、評価対象地の地域的な立地条件とその土地自体の状況に基づいて評価手法を適用することとされており、広大地の価格は必ずしも減価方向に限られるものではないと考えられていることに留意する必要がある。

（2）相続税評価における広大地評価の考え方

①相続税評価における広大地評価の適用対象

　財産評価基本通達（以下、「評価通達」という）は平成29年9月の一部改正により、「地積規模の大きな宅地の評価」（評価通達20－2）が新設された。（なお、それまでの「広大地の評価」（評価通達24－4）は廃止されており、本章で検討対象としている「広大地」とも対象が異なるものである。）

　この「地積規模の大きな宅地の評価」は適用対象とする土地が次のとおり限定されている。

　ａ．「地積規模の大きな宅地の評価」の適用対象となる宅地

　　　・路線価地域においては、下記bのうち、普通商業・併用住宅地区及び普通住宅地区に所在するもの

　　　・倍率地域においては、下記bのもの

　ｂ．地積規模の大きな宅地

　　　　次の土地をいい、下記cに該当するものを除く。

　　　・三大都市圏においては500㎡以上の地積の宅地

　　　・三大都市圏以外の地域においては1,000㎡以上の地積の宅地

　ｃ．地積規模の大きな宅地から除かれるもの

　　　　次の1）から4）のいずれかに該当する宅地は、地積規模の大きな宅地から除かれる。

　　　1）市街化調整区域（都市計画法第34条第10号又は第11号の規定に基づき宅地分譲に係る同法第4条第12項に規定する開発行為を行うことができる区域を除く。）に所在する宅地

　　　2）都市計画法の用途地域が工業専用地域に指定されている地域に所在する宅地

　　　3）指定容積率が400％（東京都の特別区においては300％）以上の地域に所在する宅地

　　　4）評価通達22－2に定める大規模工場用地

以上の判定基準は図表3－1－2のとおり示されている。

図表3－1－2　相続税評価における「地積規模の大きな宅地の評価」の適用対象の判定のためのフローチャート

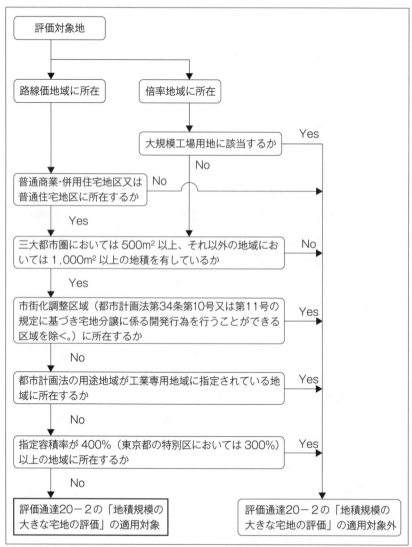

出典：「「地積規模の大きな宅地の評価」が新設されました」国税庁　パンフレット（平成29年10月）

②相続税評価における広大地評価の留意点

　相続税評価における「地積規模の大きな宅地の評価」は「地積規模の大きな宅地」を戸建住宅用地として分割分譲することに伴う減価を反映させるものであり、上記に示した価格形成要因のうち、1）戸建住宅用地としての分割分譲に伴う潰地の負担による減価、2）戸建住宅用地としての分割分譲に伴う工事・整備費用等の負担による減価、3）開発分譲業者の事業収益・事業リスク等の負担による減価、といった要因を反映させたものと考えられる。

　ただし、適用対象とする広大地は限定されており、戸建住宅用地としての分割分譲が法的に可能であり、かつ、戸建住宅用地として利用されることが標準的である地域に所在する宅地が適用対象とされている。また、標準的使用の観点からも適用対象とする用途地区が限定されており、戸建住宅による分割分譲が想定し得ないような高度商業地区等は適用対象から除かれ、工業系用途地区においても工場用地として利用されることが標準的と考えられていることから適用対象とはならない。さらに、評価通達の「地積規模の大きな宅地から除かれるもの」をみると、1）市街化調整区域内、2）工業専用地域内、といった条件は法的規制の観点から戸建住宅用地に分割分譲することができない宅地を除くものであり、3）指定容積率400％以上、4）大規模工場用地、といった条件は法的規制は生じないものの、土地の標準的な利用方法から戸建住宅用地として分割分譲が行われる蓋然性が乏しい宅地を除くものと考えられる。

　このように相続税評価における広大地評価では、評価対象地の地域的な立地条件とその土地自体の状況に基づいて適用対象を限定しており、単に土地の規模に着目したものではなく、戸建住宅用地としての分割分譲が想定される宅地に対する補正という性格を持つことに留意する必要がある。

3．固定資産税評価における広大地評価のあり方

（1）画地計算法「奥行価格補正率」による規模の影響の考慮

　広大地は、原則として奥行または間口のいずれかが長い画地である。この

点、間口が長いことだけが広大地であることの要素である場合には、分割による道路等の潰地が生じにくいことから、減価を考慮する必要性は低くなる。一方で、奥行が長いことが広大地であることの主要素で、かつ、一体利用が困難な場合には、分割による道路等の潰地が生じやすいことから、減価を考慮する必要性が高くなる。すなわち、奥行価格補正率表において奥行が長いことについて適正に補正すれば、規模が大きいことによる減価を考慮できると考えられる。また、奥行が長くその利用効率が低下することは、結果として表地の価格水準が及んでいないことと同様となるため、その減価は奥行価格補正率で考慮されていると考えることができる。すなわち、奥行価格補正率表は規模による減価を反映することに適しているということがいえる。

　評価センターの平成15年度土地研において「大規模画地の評価について」がテーマとされ、その調査報告書（以下、「平成15年度調査報告書」という）では、規模による減価と奥行価格補正率の関係について、次のとおり示されている。

　このような双方の減価を利用効率が劣ることによる減価と捉える観点に立てば、固定資産評価基準別表第3附表1における補正率（以下「奥行価格補正率」という）による減価は、道路潰地等相当分の減価を包含し得るものであり、規模が大きいことによる減価は奥行価格補正率による減価により事実上考慮することが可能であると考えられる。

　（略）

　奥行が長くその利用効率が落ちていくことは、表地の価格水準が及んでいないのと結果として同様となるため、したがって、その減価は奥行価格補正率で結果として考慮されていると考えられる。よってこの場合も規模による減価は発生しているが、奥行価格補正率による減価に包含されていると考えられる。

　すなわち、「1．広大地の価格形成」で見たような規模による減価のうち、利用効率が劣ることによる減価は「奥行価格補正率による減価により事実上

考慮することが可能である」とし、裏地を含むことによる減価は「奥行価格補正率による減価に包含されていると考えられる」と平成15年度調査報告書で示されているとおり、広大地に生じうる減価は一定の範囲内で画地計算法による補正率で考慮することが可能な要因と考えられる。

　したがって、奥行価格補正率に重ねて広大地に対する補正を所要の補正として設けることも考えられるものの、その適用対象は限定的となる。こうした所要の補正の適用について、評価センターの平成30年度土地研において「規模が過大な土地の評価について」がテーマとされ、その調査報告書（以下、「平成30年度調査報告書」という）では次のとおり示されている。

> 　固定資産税の評価において、規模の補正に関して所要の補正を行うケースとは、価格事情に関して特に著しい影響があると認められ、路線価の付設等でその影響が考慮されておらず、さらに市街地宅地評価法を適用する地域においては、奥行価格補正率を適用しても、なお特に著しい影響を評価に反映させる必要がある場合に限られるものであることから、相当限定的であると考えられる。

（2）相続税評価との相違

　固定資産税は、資産の保有と市町村の行政サービスとの間に存在する受益関係に着目し、その保有の継続を前提に課税する税であるのに対し、相続税は、人の死亡を契機として富の再配分を行おうとする税の性格を有している。

　それらの税の性格の違いは、広大地に対する評価方法の相違にもつながっており、固定資産税評価は、保有の継続を前提に現況を所与とした評価を行うことに対し、相続税評価における「地積規模の大きな宅地」の評価は、当該広大地を将来戸建住宅用地として分割分譲することに伴う減価を評価上反映させるものとされ、資産の処分価値を重視した評価方法が採用されている。

　したがって、固定資産税評価と相続税評価では、評価の前提が大きく異なるため、結果的に両者は一致しないこととなり、このような両者の前提条件

と評価内容の違いについて、平成30年度調査報告書では次のとおり示されている。

> 固定資産税が資産の保有の継続を前提として課税するという性格の税であることを踏まえれば、規模が過大な土地を戸建住宅用地として分割分譲することを前提として、これに伴い発生する減価を反映させる相続税の評価方法を固定資産税の評価にそのまま取り入れることは、相応しいものであるとは言えない。つまり、固定資産税評価と相続税評価を必ずしも一致させる必要はない、ということになる。固定資産税評価においては、規模が過大な土地に対する補正の必要性の有無等について、その保有の継続を前提として判断すべきものである。

このように、両者の相違は税の性格や前提条件の違いに起因したものとして許容されていると考えられ、固定資産税評価における広大地評価にあたっては、その保有の継続を前提に、標準宅地との比較検討や奥行価格補正率での考慮をふまえて補正の要否を判断するべきであり、相続税評価と同様の評価（補正）を求められるわけではないことに留意する必要がある。

（3）広大地に対する補正の考え方

固定資産税評価においてすべての宅地の評価は、その基礎となる標準宅地の適正な時価との比較によって行われることになる。ここで標準宅地の適正な時価は、その属する近隣地域の標準的使用を前提とした鑑定評価に基づくものであり、その価格水準は、近隣地域における価格形成要因を反映するとともに、その標準宅地（標準的画地）自体の画地規模をふまえて定まってくるものである。

そのため、広大地の評価を検討するにあたっては、単に画地の規模だけに着目して減価補正の要否を考えるのではなく、まず、評価対象とする広大地が属する地域について、どのような用途地区・状況類似地区（域）であるか

を確認すること（すなわち、当該状況類似地区（域）に所在する標準宅地の価格が指向している標準的画地の状況を把握すること）が重要であり、次に標準宅地との比較において補正の要否を検討することとなるものである。

　この点に関連して、平成30年度報告書では次のとおり示されている。

> 　規模過大による影響については、原則として路線価の付設又は状況類似地区の設定や奥行価格補正率で考慮されることとなる。その上で、これらで考慮できない残余の減価が存在した場合で、その価格事情に関して特に著しい影響があると認められるときに限り、所要の補正を行うこととなるが、当該残余部分だけをみれば、価格事情に特に著しい影響はない場合が多いものと考えられる。

　このように、広大地に対する補正は、標準宅地と当該広大地との比較検討や奥行価格補正率での考慮をふまえたうえで更なる（著しい）減価の有無を判断するものであり、その補正の適用場面は相当限定的なものになる。そのため、例えば、駅近くの高度利用が図れる商業地区はもちろんのこと、郊外のロードサイドの併用住宅地区等においても、当該広大地に係る減価は奥行価格補正率のみで足りると判断される場面は極めて多いものと考えられる。

（4）標準宅地として広大地自体を選定する場合の留意点

　広大地の土地利用は周辺地域と異なることが多いため、評価基準に基づけば、通常、状況類似地区（域）は周辺地域と区分して設定することが望ましく、その場合には、現実の利用状況に即し、広大地そのものを標準宅地として選定することになる。

　標準宅地の鑑定評価書の参考様式にしたがえば、担当する鑑定士は、標準的画地を設定して標準価格を査定し、標準的画地と標準宅地である広大地との比較を行い個性率の有無及び格差を査定して鑑定評価額を決定する。

　このため、路線価付設の起点となる標準価格に固定資産税評価上の補正率

が生じるような要素が含まれている場合、そのまま路線価を展開して画地計算法を適用すれば、当該要素について二重に増減価することになってしまう。

　よって、標準的画地に基づく標準価格をそのまま採用して主要な街路の路線価とするならば、適用する奥行価格補正率で想定している補正を要しない画地との整合性があるか否かが重要であるため、標準的画地についてはできる限り補正率が生じないような設定となるよう、鑑定士に対して留意を促していく必要がある。

　これに対して、広大地を標準宅地とする点は同じであるが、路線価方式を適用せずに、「その他の宅地評価法」によって、広大地の固定資産税評価を行うケースもある。ただし、このような場合は市町村ごとに適用基準を設けることが重要であり、また、鑑定評価価格の7割をもって固定資産税評価額となることから、鑑定評価の位置づけは極めて重要になる。

（5）市街地宅地評価法による方法

　図表3−1−3に、市街地宅地評価法による広大地についての評価方法の概略を示した。

　広大地の固定資産税評価においては、最初に、広大地を単独で状況類似地域として区分するか否かが重要な点である。ただし、広大地を状況類似地域として区分するためには、どのような広大地を区分対象とするかの統一的な基準が必要である。

図表３－１－３　市街地宅地評価法による広大地の評価方法

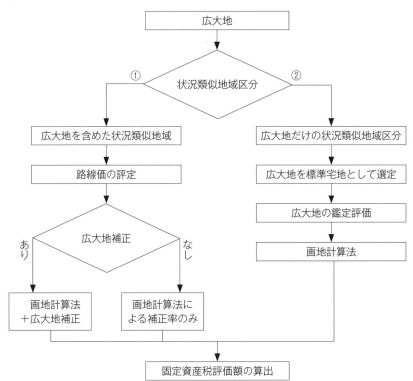

①広大地と周辺を含めて状況類似地域区分する場合の課題

　広大地の土地利用は周辺の利用と異なることが多いため、広大地が状況類似地域内の標準宅地となるケースは少ないと考えられる。このため、広大地と周辺を含めて状況類似地域を区分する場合、当該広大地は、状況類似地域内の主要な街路に沿接する画地を除く他の画地と同じように、その他の街路の路線価を正面路線として当該用途地区の画地計算法に基づいて固定資産税評価額を算出する。

　広大地について、例えば画地計算法だけのケースと規模に関する所要の補正を適用するケースがある。画地計算法の奥行価格補正率は、厳密な意味で

規模の補正とは異なる。この点から、広大地について、ａ．奥行価格補正率を勘案して、別途、所要の補正として広大地補正率を定める方法と、ｂ．広大地を考慮して奥行価格補正率を修正する方法も考えられる。

　ａの方法として、評価センターの平成24年度における土地研で、「地価公示標準地選定要領等の変更に伴う固定資産税評価実務への影響に関する調査研究」がテーマとなり、その調査報告書（以下、「平成24年度調査報告書」という）には、次のような記述とともに、困難であるなかで広大地補正を適用している例も示されている。

> 　大規模地の土地価格形成は全国・全地域一律ではないことから、所要の補正による対応が考えられる。ただし、大規模地の土地価格形成は、特定の市町村における特定の用途地区内であっても、立地条件により多様であるので、用途地区別の補正率区分を基本的な考え方とする画地計算法において画地規模に係る格差補正を導入することは、実務上困難である。

　なお、前記のとおり、評価基準では「画地の地積が大きい場合等にあつては、近傍の宅地の価額との均衡を考慮し、不整形地補正率を修正して適用するものとする。」と規定されていることから、ａやｂによる所要の補正を検討する際は、不整形地補正率の修正（圧縮）についても検討しておくことが望ましい。

　一方、広大地の規模は減価要因としてだけでなく、増価要因となる場合もある。

　広大地と周辺を含めて状況類似地域として区分する場合には、市場での希少性に起因する要因を所要の補正（加算）として考慮することは一般的ではない。ただし、客観的な開発に伴う規制緩和措置を享受できる要件を、規模による要因としてではなく開発要件として整理し、増減価することは妥当であると考えられる。

②広大地を単独の状況類似地域として周辺から区分する場合の課題

　広大地を単独の状況類似地域として周辺から区分する場合には、広大地を標準宅地としてその標準価格を基にした路線価に画地計算法を適用して固定資産税評価額を算出することとなるが、奥行価格補正率には規模の減価が含まれていることから、広大地の規模が減価要因と認められる場合には二重に減価してしまう可能性がある。

　例えば、普通商業地区の大規模商業施設を標準宅地とし、その規模を前提とした標準価格を基にした路線価を正面路線価として普通商業地区の画地計算を適用すれば、規模による減価を含んだ奥行価格補正率をさらに適用することとなり、規模による補正は標準価格の段階と画地計算の段階で二重に考慮されることとなる。

　また、広大地の規模が増価要因と認められる場合には、鑑定評価で考慮された規模による増価を画地計算法により打ち消してしまう可能性がある。

　このため、広大地を状況類似地域として区分する場合には、画地計算の段階で不整合が生じないように、奥行価格補正率表を所要の補正により修正する、または標準価格を補正する等の処理が必要となる。

（6）その他の宅地評価法による方法

　小規模な画地が多い地域に存する大規模ショッピングセンター等のように、周辺の土地利用状況と異なる個別性の強い広大地については、標準宅地の標準価格を基にした路線価に一律の画地計算法を適用して固定資産税評価額を算出する市街地宅地評価法よりも、標準宅地の個性を含んだ価格である鑑定評価価格を基準とし宅地の比準割合を乗じて固定資産税評価額を算出するその他の宅地評価法を適用した方が、より均衡のとれた評価が可能となる場合がある。

　図表3－1－4は、その他の宅地評価法による広大地についての評価方法の概略を示している。

図表３－１－４　その他の宅地評価法による広大地の評価方法

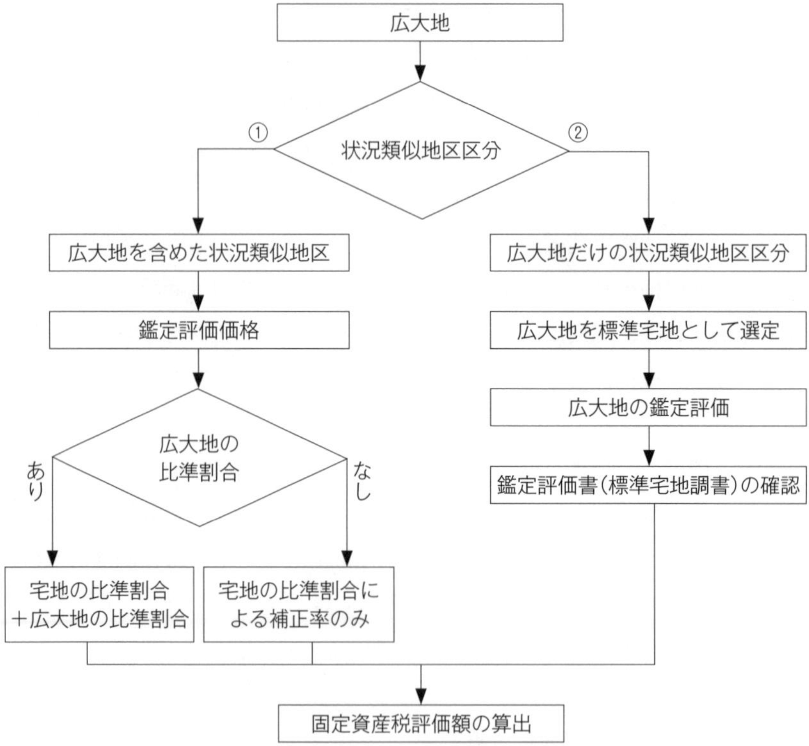

①広大地を含めて状況類似地区区分する方法の課題

　広大地は、他の画地と同じように、鑑定評価価格を基にして求めた標準宅地の固定資産税評価額に宅地の比準割合を乗じて固定資産税評価額を算出する。

　広大地について、例えば評価基準に定められた宅地の比準表を適用するだけのケースと、その他の比準割合として規模に関する比準割合を適用するケースがある。奥行による比準割合は、厳密な意味で規模の補正とは異なる。この点から、広大地について、奥行による比準割合を勘案して、別途、その他の比準割合として広大地の比準割合を定める方法、または広大地を考慮し

て奥行による比準割合を修正する方法も考えられる。この場合、形状等による比準割合の修正（圧縮）についても併せて検討しておくことは市街地宅地評価法と同様である。

②広大地を状況類似地区として区分する方法（「個別評価」）、または類似する複数の大規模地をまとめて状況類似地区を区分する方法（「比準評価」）の課題

　この評価方法は、固定資産税評価の立場からは次のような課題がある。

　a．広大地の統一的な定義を設ける必要がある。

　b．市町村内に複数の広大地が存する場合に、納税者に体系だった説明を行うためには、広大地の鑑定評価を統一的に行う必要がある。

　c．客観的交換価値を求めるために的確な方法であり、主として市街地的形態を形成する地域における宅地の評価は市街地宅地評価法によるものとされているなかで、その他の宅地評価法を適用する運用ルールを整理しておく必要がある。

　a．については、市町村で規模に関する基準を設けることになる。基準の作成にあたっては、当該市町村だけではなく、周辺市町村の状況を含めて検討することが必要である。なぜなら、一般的に広大地の需要者は、広域的な観点から比較選択を行うため、一市町村だけの視点で基準を設けることは適当ではなく、各市町村に共通する規制等に基づく方法（例えば、都市計画法第29条による開発区域の面積）と、市町村が採用している奥行価格補正率の最高の奥行（100m）を超える宅地とする方法等が考えられる。

　b．については、市町村において複数の広大地の鑑定評価書同士で相互の整合性を確認できることが必要である。例えば、標準的画地の設定については、考え方を統一することが望ましい。実務上、広大地に類する取引事例が多くないことから、複数の標準宅地に係る取引事例比較法の適用にあたって、同一の取引事例を採用することは避けられない。このため、標準価格及び個性率の査定の各段階において、統一した考え方が必要となる。

ｃ．については、土地利用の形態が変わってきているなか、実際には既成市街地にあっても、市街地宅地評価法の適用では均衡のある適正な時価を求めにくい地域や画地が認められるため、実務的に先行している取扱いである。その他の宅地評価法を市街地において適用して標準宅地の鑑定評価を行うことに留意し、鑑定評価価格を採用することや画地計算法・所要の補正の適用の有無を明確にして運用することが求められる。

　なお、広大地評価に対する鑑定評価価格を指標として、所要の補正を適用することには問題がない。この場合、鑑定評価価格の７割水準をもって直接的に固定資産税評価額を求めるのではなく、鑑定評価価格を補正率の根拠として用いるものである。

【参考文献】
（１）「大規模画地の評価について」　財団法人資産評価システム研究センター　土地に関する調査研究委員会　平成15年度調査報告書
（２）「地価公示標準地選定要領等の変更に伴う固定資産税評価実務への影響に関する調査研究」　財団法人資産評価システム研究センター　土地に関する調査研究委員会　平成24年度調査報告書
（３）「規模が過大な土地の評価について」　一般財団法人資産評価システム研究センター　土地に関する調査研究委員会　平成30年度調査報告書

第 2 章

土地区画整理事業施行地区にある土地の評価

　土地区画整理事業は、事業の進捗に伴い現実の利用状況及び権利の状態等が著しく変化する事業であり、事業ごとにその性格及び進捗状況は様々である。また、立地条件や施行規模等によっては事業の施行期間が長期化し、複雑化している場合もみられる。

　土地区画整理事業施行地区に存する土地の固定資産税に係る納税義務者の取り扱いについては地方税法第343条第7項に規定されているが、具体的な評価方法については示されていない。

　本章では、土地区画整理事業の進捗状況等の実態が反映されるとともに、整合性のある説明が求められる土地区画整理事業施行地区内の土地評価について、現行の地方税法等の取り扱い等をふまえ、その留意事項について整理する。

1．土地区画整理事業について

（1）土地区画整理事業の流れ

　土地区画整理事業とは、土地区画整理法に基づき、都市計画区域内の土地について道路や公園等の公共施設の整備改善及び宅地の利用の増進を図るために行う、土地の区画形質の変更や公共施設の整備に関する事業で、施行者は個人、組合、地方公共団体、国土交通大臣、都市再生機構、住宅供給公社等に限られ、その大部分は都市計画法における市街地開発事業として行われる。

　その内容は、未整備な市街地等を、用地を買収することなく整備された健全な市街地に造成するために、当該事業の施行により得られる開発利益の範囲内で、施行地区内の権利者が公共施設用地等を生み出すために必要な土地を減歩によって公平に負担し、換地という方法をもって道路や公園等の公共施設の整備とともに宅地の区画形状を整え、利用増進を図るものである。

よって、土地区画整理事業は、事業後の宅地の面積が減歩により事業前に比べ小さくなるものの、道路や公園等の公共施設が整備されることにより、地権者にとって利用価値の高い宅地が得られることを基礎とした事業といえる。

土地区画整理事業の流れについて、地方公共団体が施行者の場合を例にあげると次のとおりであり、他の施行者の場合においても概ね同様である。

図表3－2－1　地方公共団体が施行者の場合の土地区画整理事業の主な流れ

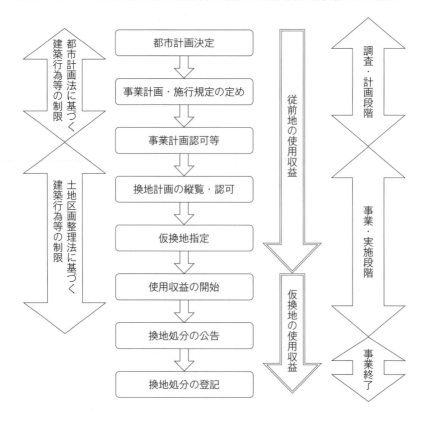

（2）土地区画整理事業の主な手続き

　評価において、重要となる土地区画整理事業における主な手続きは以下のとおりである。

1）仮換地の指定

　多くの土地区画整理事業では、事業計画及び換地計画等にしたがって造成工事等が進められ、造成工事が完了したところは仮換地の指定がされる（土地区画整理法第98条第1項）。

　仮換地の指定があった土地は、従前の土地（以下、「従前地」という）に存した権利が仮換地に実質的に移行し、使用収益をすることができるようになる一方で、従前地の使用収益は停止されることになる（土地区画整理法第99条第1項）。

　仮換地指定の際には、その仮換地となるべき土地の所有者及び従前地の所有者に対し、仮換地の位置、地積及び仮換地の指定の効力発生の日を通知するものとされている（土地区画整理法第98条第5項）。

　この仮換地の指定は、通常、工事完了までには相当期間を要することから、可能な限り権利関係を安定させる必要があるため行われるものである。

2）換地処分の公告

　施行地区において造成工事等の土地区画整理事業の工事が完了すると、換地処分の公告がされる（土地区画整理法第103条）。

　換地処分とは、土地区画整理事業の施行者が、関係権利者に各筆換地明細書及び換地図等の換地計画において定められた関係事項を、換地計画に係る地区の全部について土地区画整理事業の工事が完了した後において遅滞なく通知するものである。

　また、施行者は換地処分をした場合、遅滞なくその旨を都道府県知事に届け出なければならず、この届け出があった場合は、都道府県知事は換地処分があった旨を公告しなければならない。この一連の手続きを換地処分の公告とよんでいる。

なお、施行者が国土交通大臣または都道府県知事の場合には、換地処分をした旨を自ら公告しなければならないとされている。

　この換地処分の公告のあった日の翌日から、仮換地に存在した一切の権利がそのまま換地に移行し、仮換地の使用者が当該換地を取得することになる。

3）登記

　土地区画整理事業の施行者は換地処分の公告後、直ちにその旨を換地計画に係る地区を管轄する登記所に通知しなければならないとされている（土地区画整理法第107条第1項）。

　実務上、換地処分の公告から登記の完了までには、通常ある程度の期間が必要となる。

（3）土地区画整理事業における特性

　土地区画整理事業の特性として換地と減歩等があげられる。

1）換地（換地照応の原則）

　土地区画整理事業では、道路、公園等の公共施設を整備すると同時に、地権者が所有している個々の土地について、従前地の位置や地積、及び利用状況等の諸要因を勘案しながら、より宅地として利用しやすくなるように土地の再配置を行う。再配置の結果、置き換えられた土地を「換地」といい、換地を定める場合においては、換地及び従前の宅地の位置、地積、土質、水利、利用状況、環境等が照応するように定めなければならないと規定されている（土地区画整理法第89条）。これを換地照応の原則という。この換地照応の原則の例外として、住宅先行建設区への増換地及び減換地等がある。

2）減歩

　減歩とは、開発行為にともない、道路・公園などの公共用地を生み出すために、各所有者の宅地面積を減らすことをいい、その目的により「公共減歩」

と「保留地減歩」に分けられる。「公共減歩」とは、事業によって整備される道路や公園等の公共施設の用地不足分に充てるための減歩をいい、「保留地減歩」とは、原則として事業費の一部に充当するため売却する土地（以下、「保留地」という）に充てる減歩のことをいう。この両者を合わせて「合算減歩」といい、通常、減歩とはこの合算減歩のことをいう。

3）保留地

　上記の保留地とは、あらかじめ換地計画で一部の土地を換地として定めず、原則として事業費の一部に充てるために売却することを目的として施行者が確保する土地のことをいう（土地区画整理法第96条第1項）。

　保留地は、換地処分の公告後にはじめて「保留地」となり、換地処分の公告後に当該保留地の取得者の名義で登記される。

　しかし、換地処分公告の日以前においては単なる「保留地予定地」にすぎず、仮換地と外見上は同様であるが従前地を持たず土地登記簿自体が存在しないものである。

　この「保留地予定地」は、施行者が管理するが、実際には、換地処分の公告以前に当該保留地予定地を売却するケースが多い。

2．土地区画整理事業施行地区内の土地評価

（1）「みなす課税」の規定について

　固定資産税は原則、固定資産の所有者に課すものである（地方税法第343条第1項）。ここでいう所有者とは、土地については土地登記簿または土地補充課税台帳に所有者として登記または登録されている者をいい（地方税法第343条第2項）、これを台帳課税主義という。

　しかし、この台帳課税主義によることが不合理となるケースがあるため、地方税法第343条第4項から10項において例外規定が設けられており、土地区画整理事業施行地区内の土地に関しては、地方税法第343条第7項において、仮換地等または仮使用地（保留地予定地）について使用収益すること

ができることとなった日から換地処分の公告等がある日までの間は、当該仮換地に対応する従前の土地の登記簿上の所有者または当該仮使用地の使用者を所有者とみなし、課税することができるとされている。

仮換地等の指定及び使用収益開始がなされると、当該仮換地を従前地と同様に使用収益することができる反面、従前地の使用収益はできなくなる。したがって、仮換地については使用収益することで実質的な所有実態を構築する一方で、従前地については単に形式的な登記簿上の所有者にとどまることになる。

この状態が換地処分の公告まで続き、さらに換地処分の公告後これに基づく登記までにも時間を要する場合も多く、いずれも登記事務が終了するまでは、使用収益等の実態と登記簿との内容が異なることとなる。したがって、このようなもとで台帳課税主義を採用することは実態に即さない不合理な課税となることから、この「みなす課税」の規定がおかれている。

みなすことができるという任意規定になっているのは、土地区画整理事業は事業ごとに事業期間や換地計画等が異なり、換地照応の原則の例外もある等、その実態は様々であり、このような状況で仮換地等の指定等があったことのみで一律にみなす課税を適用することは、かえって実態に即した課税とならないような場合も考えられるためである。したがって税負担の不合理を解消するための規定であることを前提に、その取り扱いについては市町村の判断に委ね、任意規定にしているものと解される。

（2）土地区画整理事業の各段階における評価上の留意点

固定資産税評価の取り扱いについて、土地区画整理事業の主な手続きを段階ごとに区分して整理すると図表3－2－2及び図表3－2－3のとおりである。

図表３－２－２　土地区画整理事業の段階

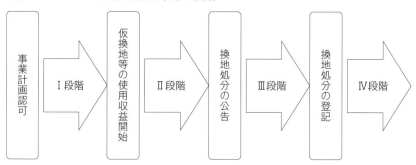

図表３－２－３　土地区画整理事業の各段階における固定資産税評価における取扱い

区分	評価段階	項目 / 土地区分	従前地	
従前地評価	Ⅰ	納税義務者	土地登記簿等に登記又は登録されている者	
		課税地目	現況地目 （現況が判然としない場合は前年の賦課期日の地目）	
		課税地積	登記簿地積	
		評価	現況の画地形状等 （現況が判然としない場合は前年の賦課期日の画地形状等）	
みなす課税	評価段階	項目 / 土地区分	仮換地指定された土地	仮使用地 （保留地予定地）
	Ⅱ	納税義務者	当該仮換地に対応する従前の土地に係る登記簿等に登記又は登録されている者	施行者以外の当該仮使用地の使用者
		課税地目	現況地目	現況地目
		課税地積	仮換地地積(使用収益開始通知書記載数量)	仮使用地地積
		評価	現況の画地形状等	現況の画地形状等
	評価段階	項目 / 土地区分	換地	保留地
	Ⅲ	納税義務者	換地取得者	保留地取得者
		課税地目	現況地目	現況地目
		課税地積	換地地積	換地地積
		評価	現況の画地形状等	現況の画地形状等

通常評価	評価段階	項目 / 土地区分	すべての土地
	IV	納税義務者	土地登記簿等に登記又は登録されている者
		課税地目	賦課期日の現況地目
		課税地積	登記簿地積
		評価	現況の画地形状等

1）事業計画認可等から仮換地指定前まで

評価段階は、図表3－2－3のⅠ段階である。

この段階では、従前地について、他の土地と同様の評価を行う。

状況類似地区（域）は施行地区により区分することを基本とするが、初期の段階において、施行地区の内外で利用状況に相違がない場合は、施行地区で区分しない場合もある。

状況類似地区（域）を施行地区で区分せず、施行地区の内外にまたがって区分して地区の外で標準宅地を選定する場合、施行地区の内にある土地について、都市計画法または土地区画整理法による建築行為等の制限があり、かつ価格に影響がある場合には、路線価または所要の補正等での考慮を検討する。

状況類似地区（域）を施行地区により区分した場合は、標準宅地を施行地区の内の従前地から選定することになり、これらの建築行為等の制限は標準宅地の価格で考慮されているため、所要の補正等は不要である。

したがって、従前地の評価に際して、建築規制や減歩等による補正が所要の補正等として必要となるのは、施行地区の存する状況類似地区（域）の標準宅地が土地区画整理事業の施行地区外に存する場合である。

本来、建築規制及び減歩率等は各画地により異なることから、画地条件として減歩率等の要因を考慮し、所要の補正等で各画地に適用すべきであるが、状況類似地区（域）または路線価により対応する方が簡便である。以下では、所要の補正として適用する場合を中心に説明するが、状況類似地区（域）または路線価による対応方法を採用したとしても減価を要するかどうかの判断基準は同じである。

２）仮換地指定から換地処分の登記まで

評価段階は、図表３－２－３のⅡ及びⅢ段階に該当する。

ア　みなす課税を行わない場合

　　事業期間が短い土地区画整理事業においては、みなす課税を行わない場合がある。事業が短期間の場合は従前地評価を継続し、換地処分の登記が行われたら一挙に登記簿数量に基づく評価に切り替える方法を採用するためである。したがって、評価方法もこれまで採用してきた方法を踏襲する場合が多い。なお、施行地区の内に標準宅地を選定していた場合、地区の内で従前地を選定できなくなってからは隣接する類似性のある状況類似地区（域）の標準宅地から比準する。この場合、建築行為等の制限について所要の補正に関する適用の検討が必要となる。

イ　みなす課税を行う場合

　　仮換地指定後、使用収益開始がなされた仮換地に対してみなす課税を行う場合、換地処分の公告があるまでは、従前地の評価と混在することになる。

　　従前地評価と従後のみなす課税による仮換地評価を実施する場合の評価方法については、標準宅地の設定方法別に複数の評価方法が考えられるが、市街地宅地評価法を適用した場合の評価例とそれぞれの特徴を示すと以下のとおりとなる。

①従前地・仮換地のそれぞれに標準宅地を設定して評価する場合

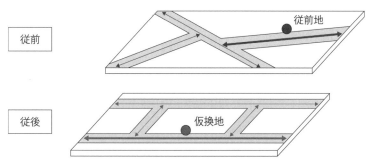

この評価方法では、従前地と従後の仮換地のそれぞれの状況類似地域に標準宅地を設定するため、評価にあたって土地区画整理事業特有の要因である減歩や建築制限などの価格形成要因が標準宅地の価格に反映されており、これらの要因を補正する必要がない。また、従前と従後の対応関係が明瞭であり、納税者に対しても説明がしやすい。

一方、従前と従後のそれぞれの状況類似地域に標準宅地を選定するため、事業の進捗程度により標準宅地の選定が困難な場合が生ずることが考えられる。また、減歩等の影響をふまえた場合に、標準宅地の鑑定評価の結果次第によっては、従前の評価額が従後の評価額を上回ってしまい、整合性が取れない状況が生じてしまう可能性がある。

②仮換地に標準宅地を設定して評価する場合

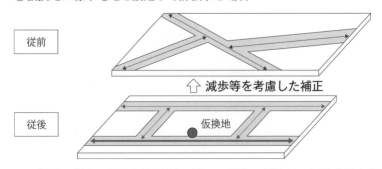

従前と従後の状況類似地域に対し、従後の仮換地に標準宅地を設定して評価を行う場合である。

この評価を適用する場合としては、事業の進捗が進み従前地に適切な標準宅地を選定できない場合等が考えられる。

この評価方法では、従前地と従後の仮換地の双方に対し評価をすることになるが、従前の画地に対する補正が必要となる。仮換地のみを標準宅地として選定することから、事業の進捗の程度が高まっても標準宅地の選定が困難とはならない。また、従後の仮換地に対する従前地の格差について、減歩等の影響を適切に考慮し補正することで、従前と従後の

評価に整合性が図られることとなる。

　一方、従前と従後の格差について、減歩等の影響をどのように考慮し補正していくかが課題であり、従前地の評価を従後の仮換地から求めることについて、納税者に対し説明しにくい場合も考えられる。

③土地区画整理事業施行地区外の標準宅地から評価する場合

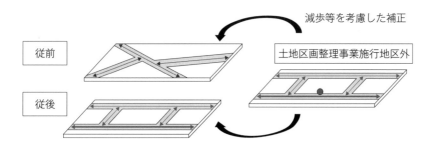

　この評価を適用する場合としては、事業開始後に仮換地指定された範囲がまだ小さく、従後の仮換地を適切な標準宅地を選定できない、あるいは事業の進捗が進んで従前地に適切な標準宅地を選定できない等の場合が考えられる。したがって、施行地区外から評価する対象は、従前または従後のいずれかに適用する場合と、従前と従後の双方に適用する場合が考えられる。

　この評価方法では、施行地区外の標準宅地から評価を行うため、事業の進捗の程度による影響がなく、標準宅地の選定が困難となることはない。また、従前地に対する減歩等の影響を適切に考慮し補正することで、従前と従後の評価に整合性が図れることとなる。

　一方、施行地区外に存する標準宅地から従前地の評価を行うため、従前地における減歩等の影響をどのように考慮し補正していくかが課題であり、従前または従後のいずれか、従前及び従後の双方を施行地区外の標準宅地から評価するため、納税者に対し説明しにくい場合も考えられる。

以上のとおり、市街地宅地評価法を適用した場合の3つの評価例とその特徴について示した。実務上は土地区画整理事業における施行地区の規模や期間に応じて、状況類似地域を区分し標準宅地を選定していくことになるが、従後の仮換地を標準宅地として選定し従前地の評価を行う場合には、減歩や建築規制の影響を考慮し反映する必要があることに留意しなければならない。減歩等の影響を反映する方法としては、路線価に格差率で反映する、あるいは、路線価では考慮せずに所要の補正で反映することが考えられる。

　なお、土地区画整理事業が開始された当初の段階では、宅地としての利用割合が低く、その他の宅地評価法による評価を適用することも考えられる。状況類似地区が施行地区の内外にわたり、標準宅地が施行地区外に存する場合には、従前地の評価に際しては減歩等の影響を画地補正で考慮し反映する必要がある。施行地区に合わせて従前地の状況類似地区に標準宅地を選定する場合、減歩等の要因は状況類似地区の標準価格に反映されたものとなるが、仮換地の評価については状況類似地区の外から比準する等、留意を要する。

（3）標準宅地の鑑定評価での留意点

　土地区画整理事業等の大規模な住宅開発において、価格調査基準日では造成工事が完了していないものの、その後に造成工事が完了する場合、開発後の土地について課税のために評価が必要となる場合がある。

　鑑定評価の対象不動産を確定するための対象確定条件として、「未竣工建物等鑑定評価」がある。当該評価条件は、造成に関する工事が完了していない土地について、当該工事の完了後の状態を評価対象とする場合に設定する評価条件である。この評価条件を設定することにより、価格調査基準日において造成工事が完了していない場合であっても、工事完了後の状態を前提とした鑑定評価を行うことができる。

　図表3－2－4は、令和6基準年度評価替えの価格調査基準日（令和5年1月1日）時点では、土地区画整理事業による造成工事が施工中であるが、2年後には広範囲で区画道路が整備され、仮換地等が使用収益開始される予

定の地域を示したものである。

　例えば、令和7年から仮換地へのみなす課税を予定している場合には、未竣工建物等鑑定評価の条件を設定することにより、価格調査基準日現在で造成工事が完了し使用収益開始後の状態を前提としての標準宅地の鑑定評価が可能となる。

図表3－2－4　土地区画整理事業施行中の状況例

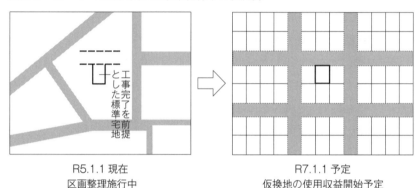

R5.1.1 現在
区画整理施行中

R7.1.1 予定
仮換地の使用収益開始予定

　ただし、当該鑑定評価が可能となるのは、依頼者との契約上の合意があることのほか、下記要件を満たす場合に限られることに注意を要する。

① 　物的確認及び権利の確認に必要な資料があること
　　物的確認に必要な資料として、造成工事については、土地区画整理事業等の許可申請に係る図面として土地利用計画図・仮換地図・保留地位置図等を収集し、当該資料を基に工事完了後の価格形成要因の把握が可能であることが必要である。
② 　鑑定評価書の利用者の利益を害するおそれがないこと
③ 　造成工事の合法性、工事完了の実現性が認められること
　　合法性の確認としては、土地区画整理事業造成工事に係る施行認可等が得られていることが必要である。実現性の確認としては、事業者の資金調

達能力や施行能力等の観点から判断することとなるが、事業規模等に応じて必要な資料を収集したうえで実現性の判断を行うものとする。

　一般に都市計画事業として市町村が施行する土地区画整理事業等については、上記要件を具備していることが多い。

　なお、未竣工建物等鑑定評価の鑑定評価を行わない場合には、工事完了時における類似の開発地の標準宅地から比準する等の方法も考えられる。

（4）その他実務上の留意点

1）土地区画整理事業と地目認定

　評価基準によると、地目認定は土地ごとに固定資産税の賦課期日（1月1日）の当該土地の現況で行うことが原則である。したがって、みなす課税を行っていない段階では課税客体は従前地であるので、評価基準上は原則どおり、従前地の地目は従前地の1月1日の現況で判断することになる。ただし、もし賦課期日において土地区画整理事業に係る工事で現況の把握ができないときには、実務的な対応としては前年賦課期日の地目で評価するのが適当であろう。

2）従前・従後の標準宅地の価格整合性

　下記例示のとおり、減歩により従後評価の方が総額として安くなってしまい、従前と従後の結果に整合性がはかれない場合があるので留意が必要である。

　仮に総額で「従前地＝従後地」の関係にあるとすれば、従後地の単価は従前地の単価に（1−減歩率）の逆数をかけたものとなり、従前、従後の単価差は減歩率より大きくなる。

　下記の例では、従後の標準価格（100,000円/㎡）は、従前の標準価格（90,000円/㎡）を上回っているが、減歩（減歩率30%）があるため、従後比準宅地価格（14,000,000円）が従前比準宅地価格（18,000,000円）を下回ってしまう。従後比準宅地価格が従前比準宅地価格を上回るためには減歩率分を考

慮し、従後の標準価格は従前の標準価格の143％（1/（1−0.3））以上、従前の単価が90,000円/㎡であれば、従後の単価は90,000円/㎡×143%≒129,000円/㎡以上となる必要がある。

〈標準宅地〉

　　従前　　　標準価格　　　90,000円/㎡

　　従後　　　標準価格　　　100,000円/㎡

　　　　従前　＜　従後

〈比準宅地〉

　　従前　　　　　　　　規模　200㎡

　　従後（仮換地等）　　規模　140㎡　（比準宅地の減歩率は30％）

〈従前比準宅地価格〉

　　90,000円/㎡　×　200㎡　＝　18,000,000円

〈従後比準宅地価格〉

　　100,000円/㎡　×　140㎡　＝　14,000,000円

　　　　従前　＞　従後

　以上のように、従後の単価が129,000円/㎡未満の場合、従後比準宅地価格が従前比準宅地価格を下回るため、土地区画整理事業の整合性が取れないこととなる。

（注）地価の変動は考慮しないものとする。また、路線価総合格差率、画地計算法による補正率は共に1.00とする。

3）市街化区域への編入を伴う場合の評価上の留意点

　従前地が市街化調整区域である場合、土地区画整理事業に先だって市街化区域への編入が行われることが一般的であるが、農地と農地以外（ここでは宅地を取り上げる）では評価の扱いが異なることに留意する必要がある。以下では宅地と農地についての評価上の留意点を説明する。

①宅地の場合

　宅地において、市街化編入は、地方税法第349条第2項あるいは第3項ただし書きにおける「地目の変換、その他これらに類する特別の事情」（以下、「地目変換等」という）という内在的な要因の変化ではなく、都市計画法による区域区分の指定という外在的な要因の変化によるものなので、原則どおり基準年度に係る評価替えで評価を見直すこととなる。したがって、令和3年・令和4年に市街化編入された場合には、市街化編入以外に地目変換等が生じていなければ、令和6基準年度に係る評価替えで評価を見直すこととなる。一方で、令和5年に市街化編入された場合には、令和6基準年度の価格調査基準日（令和5年1月1日）以降の編入となるため、市街化編入以外に地目変換等が生じていなければ、令和9基準年度に係る評価替えで評価を見直すこととなる。

②農地の場合

　農地においては、市街化区域編入の翌年度には、地方税法附則第19条の2第2項により市街化区域農地の評価を行う必要がある。市街化区域農地の評価は、類似宅地の価額を基準として求めた価額から、宅地に転用する場合において通常必要と認められる造成費相当額を控除して求められる。このように、市街化区域農地が一般農地と異なる評価方法によって評価されるのは、市街化区域農地がその外見上農地としての形態を留めているものの、実質的には宅地等としての潜在的価値を有し、売買価額も宅地と同水準にあると認められるため、これらを一般農地と同様に生産力条件に着目して評価するこ

とは不合理であり、かつ、宅地等との間に不均衡を生ずることとなるためである。

　なお、都市計画税については、賦課自体は市街化区域編入の翌年度から課税を開始する必要がある。

【参考文献】
（1）「土地区画整理事業施行地区内の土地に係る評価について」　稲葉　勝巳　財団法人資産評価システム研究センター「資産評価情報」2007.05（158号）
（2）「土地区画整理事業施行地区内における標準宅地の鑑定評価について（1）（2）」稲葉　勝巳　ぎょうせい「税」平成18年12月号、平成19年1月号
（3）「固定資産税評価に反映すべき個別的要因について」　財団法人資産評価システム研究センター・土地に関する調査研究委員会　平成14年度調査報告書「土地評価に関する調査研究」
（4）「ここが知りたい最新税務Q＆A　固定資産税（評価）関係　土地区画整理事業施行区域内における評価」　内田　郁朗　ぎょうせい「税」平成23年5月号
（5）「ここが知りたい最新税務Q＆A　固定資産税（評価）関係　市街化区域への編入を伴う土地区画整理事業施行区域内における土地評価」　内田　郁朗　ぎょうせい「税」令和3年2月号

第 3 章

不整形地の評価（不整形地補正）

　市街地宅地評価法における不整形地評価の方法として、評価基準別表第3及び同附表4に不整形地補正が定められている。この不整形地補正とは、形状のみに着目した補正ではなく、基準解説に「不整形地補正とは、画地の形状が悪いことによって画地の全部が宅地として十分に利用できないという利用上の制約を受けるための減価補正である」と記載されているように、宅地としての利用上の制約を受けることにより生じる減価を補正するものである。

　また、基準解説では、「ある程度不整形な画地であっても家屋の建築等が通常の状態において行い得るものは補正を要しない」と記載されている。こうしたことから、評価対象画地の宅地としての利用上の制約の程度をふまえた結果、不整形地補正の適用を要しない場合も考えられ、市町村における固定資産評価業務においては、判断に迷うケースも多く生じると考えられる。

　このため、本章では、市街地宅地評価法における不整形地補正の適用上の留意点等を示す。

1．不整形であることによる減価要因

　建物の敷地として利用することを想定した場合、不整形である土地については、その不整形の程度が強くなるにつれてより強い減価要因として作用する傾向にある。

　不整形であることにより、地域における標準的な建物の建築ができず建物等のレイアウトが土地形状に合わせたものに制約される等、建物そのものの利用効率が低下する場合があり、さらに、制約された有効宅地部分に合わせた建物の建築を行う場合には一般に建築コストが上昇するため、これにより需要が減退するといった減価要因が考えられる。

　また、不整形の程度が弱く、地域における標準的な建物を問題なく建築し得る場合においても、鋭角・角状等の利用困難な部分を生じるケースがある。

例えば、庭等が鋭角となり利用の効率性・快適性の低下が生じる場合、その程度によっては減価が発生することになる。

　その他、特に形状の悪い土地は、不整形に対する心理的嫌悪感による減価要因が認められる場合もある。

◆ 不整形であることによる一般的な減価要因
・利用困難な部分の発生による利用効率の低下
・建物等のレイアウトの自由度の低下
・建築コスト上昇による需要の減退
・心理的嫌悪感

　建物の敷地として利用することを想定した場合、その減価要因は<u>標準的な建物を建築できるか否か</u>によって区分することができる。このように考えた場合、同じ形状の不整形地であっても規模が大きくなるにつれて標準的な建物が建築できる（建物レイアウトの制約が生じない）可能性が高まることからも、不整形であることによる価格への影響は形状の如何のみでなく、地積や標準的建物がどのようなものであるか等により異なるといえる。

図表３－３－１　不整形であることによる一般的な減価要因

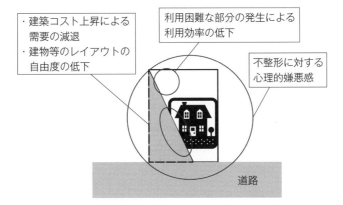

２．固定資産税評価における不整形地

　評価基準には、形状を前提とした不整形地に係る明確な定義の記載はない。ただし、別表第３の７冒頭において「不整形地（三角地及び逆三角地を含む)」と記載され、三角地及び逆三角地が不整形地に含まれることが示されている。

図表３－３－２　不整形地に含まれる三角地及び逆三角地

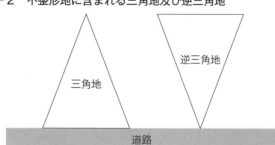

　また、評価基準別表第３の７（１）①において「不整形地の価額については、整形地に比して一般に低くなるものであるので、・・・」と記載されている内容から、価額（経済価値）の側面から判断すれば、不整形地とは整形地と比してその価額が劣る土地といえる。

　整形地と比してその価額が劣る土地とは、不整形地の減価要因を有する土地として整理できる。ここで、不整形地の減価要因とは宅地としての利用上の制約を与える要因のことであり、具体的には１．において挙げたように、鋭角・角状等の利用困難な部分を生じる場合、建物レイアウトが制約される場合、その他、心理的嫌悪感による減価が生じる場合等が考えられる。

　一方で、基準解説においては「不整形地とは、原則として普通地、準普通地、正台形地、正Ｌ字形地及び路線となす角が大きい平行四辺形地等を除いたもので、路線に一辺又は数辺が接する多辺整形の画地である。」と形状を前提とした定義が示されており、当該定義に基づき不整形地から除外される土地を例示すれば図表３－３－３のとおりである。

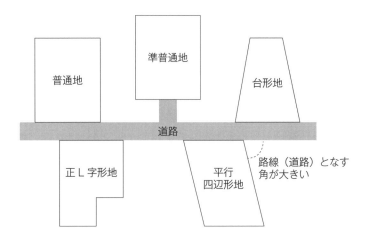

ただし、基準解説における不整形地から除かれる形状を前提とした定義は、あくまでも「原則」であることに留意が必要である。例えば、基準解説の定義からすれば不整形地から除外される土地であっても、整形地と比較して敷地の利用効率が劣る場合には経済価値の下落が生じる可能性があるため、不整形地として判定する場合も考えられる。反対に、基準解説の定義からすれば不整形地とされる土地であっても、整形地と比較して敷地の利用効率が同等の場合には経済価値の下落が認められないため、不整形地として判定されない場合も考えられる。

したがって、不整形地の判定にあたっては、基準解説における不整形地から除かれる形状を前提とした定義を参考に、整形地と比較した経済価値の下落の程度等を総合的に勘案して不整形地か否かを判定していく必要がある。

３．市街地宅地評価法における不整形地補正の規定

（１）評価基準別表第３

市街地宅地評価法における不整形地補正は、評価基準別表第３（以下、「別表第３」という）における「不整形地の評点算出法」として、次のとおり定

められている。

> 　不整形地の価額については、整形地に比して一般に低くなるものであるので、奥行価格補正割合法等によつて計算した単位当たり評点数に「不整形地補正率表」（附表４）によつて求めた不整形地補正率を乗じて当該不整形地の単位地積当たり評点数を求めるものとする。
>
> 　この場合において、当該画地が「間口狭小補正率表」（附表５）、「奥行長大補正率表」（附表６）の適用があるときは、間口狭小補正率、奥行長大補正率、両補正率を乗じた結果の率、間口狭小補正率と不整形地補正率を乗じた結果の率及び不整形地補正率のうち、補正率の小なる率（下限0.60）を乗じて評点数を求めるものとする。

「この場合において、」以下の記載を要約すると、
・間口狭小補正率×奥行長大補正率
・間口狭小補正率×不整形地補正率
の小さい方（下限0.60）を採用することになるので、結果的に、奥行長大補正率と不整形地補正率のいずれか小さい方の算式を採用することとなる。

　また、別表第３には図表３－３－４の例題（下線の表示及び二重下線箇所の文言は原文にはなく、説明の便宜上筆者が加えたものである。本章において以下同様）が掲載されており、評価対象画地が不整形地の場合の奥行計測については、「平均的な奥行距離」を採用することも可能である。

図表３－３－４　別表第３の例題

例題８ 普通商業地区における路線価1,000点の場合の計算例

　本図の場合においては、面積は350平方メートルであり、間口距離は20メートルであるから、平均的な奥行距離は17.5メートルである。想定整形地面積は700平方メートルであるから、蔭地面積は350平方メートル、蔭地割合は50％となり、不整形地補正率は0.80である。

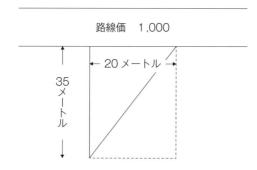

（１）１平方メートル当たり評点数＝（路線価）1000×（奥行価格補正率）1.00×（不整形地補正率）0.80＝800

（２）評点数＝（１平方メートル当たり評点数）800×（地積）20×35×１／２＝280,000

（2）評価基準別表第3附表4

　別表第３附表４（以下、「附表４」という）に定める「不整形地補正率表」は図表３－３－５のとおりである。

図表3-3-5　別表第3附表4「不整形地補正率表」

地区区分 蔭地割合	高度商業地区（Ⅰ、Ⅱ）、 繁華街地区、普通商業地区、 併用住宅地区、中小工場地区	普通住宅地区 家内工業地区
10％未満	1.00	1.00
10％以上20％未満	0.98	0.96
20％以上30％未満	0.96	0.92
30％以上40％未満	0.92	0.88
40％以上50％未満	0.87	0.82
50％以上60％未満	0.80	0.72
60％以上	0.70	0.60

（注1）　蔭地割合の求め方は、評価対象画地を囲む、正面路線に面する矩形又は正方形の土地（以下「想定整形地」という。）の地積を算出し、次の算式により「蔭地割合」を算出する。

$$\text{「蔭地割合」} = \frac{\text{想定整形地の地積 － 評価対象画地の地積}}{\text{想定整形地の地積}}$$

（注2）　不整形地補正率表を運用するに当たつて、画地の地積が大きい場合等にあつては、近傍の宅地の価額との均衡を考慮し、不整形地補正率を修正して適用するものとする。

（注3）　蔭地割合方式によらない場合の不整形地補正率の適用に当たつては、当該画地が所在する用途地区の標準的な画地の形状・規模からみて、不整形度（「普通」から「極端に不整形」まで）を判断して、次の表により、不整形地補正率を定めることができるものとする。

地区区分 不整形度	高度商業地区（Ⅰ、Ⅱ）、 繁華街地区、普通商業地区、 併用住宅地区、中小工場地区	普通住宅地区 家内工業地区
普通	1.00	1.00
やや不整形	0.95	0.90
不整形	0.85	0.80
相当に不整形	0.80	0.70
極端に不整形	0.70	0.60

冒頭の表及び（注１）には算出した蔭地割合に応じて補正率を算定する「蔭地割合方式」が、（注３）に蔭地割合によらず判断した不整形度に応じて補正率を算定する「蔭地割合によらない方式」が示されており、それぞれ、商業系地区（以下、本章においては「高度商業地区（Ⅰ、Ⅱ）、繁華街地区、普通商業地区、併用住宅地区、中小工場地区」を指すこととする。）、住宅系地区（以下、本章においては「普通住宅地区、家内工業地区」を指すこととする。）の別に補正率が定められている。

　また、（注２）においては、画地の地積が大きい場合等についての留意事項が記載されている。

　なお、冒頭及び（注３）の表の補正率は、商業系地区の方が住宅系よりも減価幅が小さいが、これは一般に以下の理由によるものと考えられる。

> 商業系地区は、住宅系地区に比べて、都市計画法・建築基準法等で定められる利用可能な容積率が比較的大きく、土地の高度利用が図られていることが多いため、利用困難な部分の全体の容積率に対する貢献度が高く、有効利用度の低下の程度は小さいこと

> 中小工場地区は、中小規模の工場・倉庫を中心に商業系用途や住宅系用途が混在し、比較的画地規模が大きく、不整形による減価の程度（建物等のレイアウト制約）は小さいこと

　そのほか、大工場地区は、一般的に標準的な画地規模が大きく敷地規模に対して建築される建物面積の割合が低いこと、不整形地の利用困難な部分を工場立地法等で定める緑地等として利用可能であること等により、その有効利用度の低下の程度は小さいため、補正率の定めは設けられていないと考えられる。

４．不整形地補正率算定のための各方式の適用フロー及び留意点

（１）蔭地割合方式

１）補正率算定のフロー

　附表４（注１）の「蔭地割合方式」における不整形地補正率算定フローは次のとおり。

①蔭地割合の算出

　評価対象画地の地積と、評価対象画地を囲む、正面路線に面する矩形又は正方形の土地の地積を算出し、図表３－３－６の算式により「蔭地割合」を算出する。

②補正率表への当てはめ

　①において算出された蔭地割合及び評価対象画地の所在する用途地区区分を附表４の不整形地補正率表に当てはめ、これにより算定された補正率を適用する。

図表３－３－６　蔭地割合の算出方法

蔭地割合　＝　（想定整形地の地積－評価対象画地の地積）÷ 想定整形地の地積

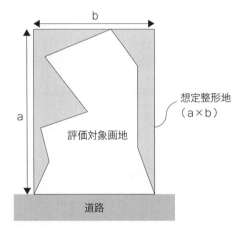

２）想定整形地の想定における留意点

　附表４（注１）には、「蔭地割合の求め方は、評価対象画地を囲む、正面路線に面する矩形又は正方形の土地（以下「想定整形地」という。）の地積を算出し、次の算式により「蔭地割合」を算出する。」と記載されている。

　この点、想定整形地の描き方を工夫したうえで、適切な補正率が算定されるように対応する考え方があるが、評価基準上の想定整形地の描き方は、「正

面路線に面する矩形又は正方形の土地」とされているとおり、あくまでも「正面路線に面する」ように描く必要があることから、正面路線からはみ出た描き方は、原則的な取扱いではないことに留意する必要がある。（図表3－3－7参照）

図表3－3－7　評価基準上の想定整形地の描き方

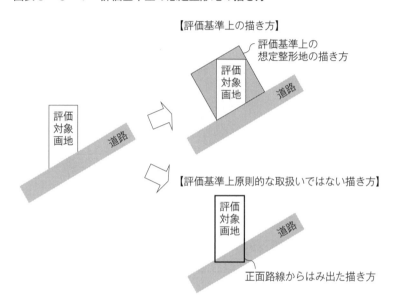

【評価基準上の描き方】

評価基準上の
想定整形地の描き方

評価
対象
画地

道路

評価
対象
画地

道路

【評価基準上原則的な取扱いではない描き方】

評価
対象
画地

道路

正面路線からはみ出た描き方

（2）蔭地割合によらない方式

1）補正率算定のフロー

　附表4（注3）の「蔭地割合によらない方式」における不整形地補正率算定フローは次のとおり。

①不整形度の判定

　評価対象画地が所在する用途地区の標準的な画地の形状・規模からみて、不整形度（「普通」から「極端に不整形」まで）を判定する。

②補正率表への当てはめ

①において判定された不整形度及び評価対象画地の所在する用途地区区分を附表4（注3）の不整形地補正率表に当てはめ、これにより算定された補正率を適用する。

2）不整形度の判定における留意点

蔭地割合によらない方法は、固定資産評価業務に従事する各担当者の判断を基に判定された不整形度に基づいて不整形地補正率が決定されることとなる。このため、評価対象不動産の実態に応じた評価が可能となる反面、各担当者における不整形度の判定基準に大きなばらつきがある場合には、市町村内に存する類似土地間で評価の不均衡が発生する恐れがある。

したがって、不整形度の判定にあたっては、担当者間においてある程度の目線を合わせておくことや、不整形度を判定するための一定の参考例を評価事務取扱要領等に明示すること等により、不整形の程度を統一的に判定できるようにしておくことが望ましい。

5．不整形地補正率を修正して適用することができる場合の例示
（1）不整形地補正率の修正等が認められる場合がある理由

基準解説の記載において、不整形地補正の趣旨は、「不整形地補正とは、画地の形状が悪いことによって画地の全部が宅地として十分に利用できないという利用上の制約を受けるための減価補正である」とされており、不整形地補正は、「画地の形状が悪い」ことに加えて、宅地としての「利用上の制約を受ける」という要件を満たす宅地について、その制約の程度に応じて適用されることとなる。また、基準解説には、「ある程度不整形な画地であっても家屋の建築等が通常の状態において行い得るものは補正を要しない」とも記載されている。

このように、不整形地補正適用の判断においては、宅地としての利用上の制約や、家屋の建築等が通常の状態において行い得るか、等も含めて判断すべきものであり、これらの状況によっては、不整形地補正率を適用しない、

または不整形地補正率の修正等が認められるものと考えられる。

（2）不整形地ではあるが補正を要しない場合

　上記2．のとおり、評価基準には、形状を前提とした不整形地に係る明確な定義は、三角地及び逆三角地以外にはないことをふまえると、土地の形状に多少の歪みがあったとしても宅地としての利用上の制約が認められない土地は、不整形地ではあるが補正を要しないと判定することもできる。つまり、土地の形状に多少の歪みがある場合でも、その程度によっては評価対象画地を不整形地ではなく、ほぼ整形地と判定し、不整形地補正自体を適用しないこともできると考えられる。この点、附表4「不整形地補正率表」（上記図表3－3－5）の蔭地割合10％未満の区分が補正率「1.00」と定められていることは、土地の形状に多少の歪みがあったとしても補正を要しないという意味であり、同様の趣旨であると考えられる。

（3）宅地としての利用上の制約が僅少または生じない場合
1）大規模地の場合

　不整形地であっても、画地地積が大きいことにより、同形状の標準的な画地規模の土地と比較して宅地としての利用上の制約が弱いような場合には、附表4の補正率表に定められた不整形地補正率を修正して適用する（不整形地補正率の減価幅を圧縮する）ことができると考えられる。

　例えば、図表3－3－8に示すように、地域的な標準規模（戸建住宅適地相当）の整形地と不整形地、大規模（マンション適地相当）の整形地と不整形地を想定する。この場合、標準規模において戸建住宅の建築を想定した場合、不整形地については、標準的な形状の戸建住宅が建築できないこととなり、建物レイアウトの制約が土地の減価要因として作用することとなる。一方で、大規模地においてマンションの建築を想定した場合、不整形地であっても、標準的なマンションを建築できることから、建物レイアウトの制約は生じず、この面においては減価が生じないこととなる。

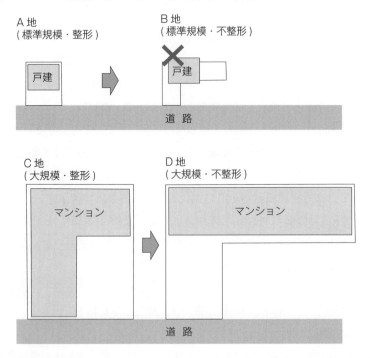

図表３－３－８　規模の違いに応じた土地利用上の制約の相違

A地
（標準規模・整形）

B地
（標準規模・不整形）

戸建

戸建

道　路

C地
（大規模・整形）

マンション

D地
（大規模・不整形）

マンション

道　路

　実際の土地取引にあたっても、大規模地といえるような一定程度の規模を有する土地については、周辺における土地利用の在り方にもよるが、敷地の利用効率低下が僅少または認められないことにより、形状の歪みを前提とした減価が僅少または認められない場合がある。

　附表４（注２）において「不整形地補正率表を運用するに当たつて、画地の地積が大きい場合等にあつては、近傍の宅地の価額との均衡を考慮し、不整形地補正率を修正して適用するものとする。」といった記載がなされているのは、このような不整形地補正と画地地積との関係を捉えて、画地地積を中心に補正率修正の検討が必要であるためと考えられる。

　具体的な画地地積に応じた補正率の修正方法については、まずは統計的手法を用いて用途地区ごとに修正の検討を行う画地規模の判定を行ったうえで、

次に当該画地規模に応じた補正率の修正の検討を行う方法等がある。なお、具体的な検討例については、「画地規模に応じて不整形地補正率表を修正する場合の検討手法に関する調査研究」（一般財団法人資産評価システム研究センター土地に関する調査研究・平成28年度調査報告書）が参考となる。

2）蔭地割合は大きいものの利用上の制約が小さい場合
①突出部により大きな蔭地割合が生じる場合

画地の一部が帯状に突出した部分があり、蔭地割合は大きくなるものの、算出された蔭地割合を附表4の不整形地補正率表に当てはめた補正率をそのまま適用した場合に、実際の利用上の制約の程度と比較して過大な減価がなされてしまう（不整形地補正率が過大となる）場合がある。

このような場合については、付近の宅地との評価の均衡を考慮し、その形状だけでなく利用上の制約の程度もふまえて附表4（注2）に準ずるか、あるいは、市町村長の定める所要の補正として、不整形地補正率を修正して適用する（不整形地補正率の減価幅を圧縮する）ことができると考えられる。

図表3-3-9　突出部により大きな蔭地割合が生じる場合

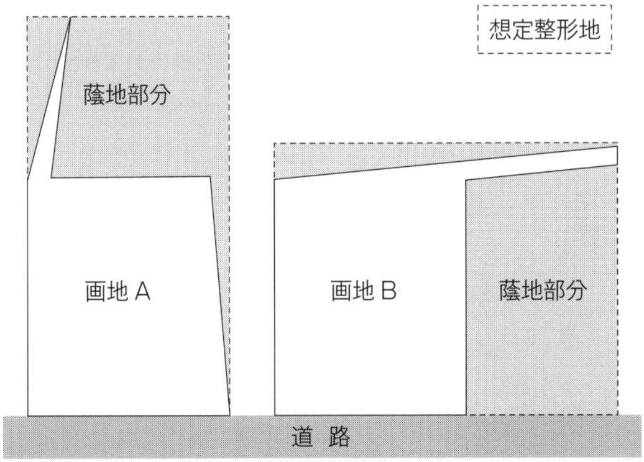

②正面道路に対する傾きにより大きな蔭地割合が生じる場合

　想定整形地を描くにあたっては、附表4（注1）のとおり、原則として正面路線からはみ出た描き方はできないため、図表3－3－10のように正面路線に対する傾きがある路線については、蔭地割合は大きくなる。しかし、算出された蔭地割合を附表4の不整形地補正率表に当てはめた補正率をそのまま適用した場合に、実際の減価と比較して過大な減価がなされてしまう（不整形地補正率が過大となる）場合がある。

図表3－3－10　接面道路との傾きによって蔭地割合が大きくなる場合

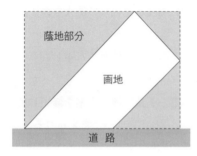

　このような場合についても、上記①と同様、附表4（注2）に準ずるか、あるいは、市町村長の定める所要の補正として、不整形地補正率を修正して適用することができると考えられる。

　なお、修正すべき不整形地補正率の判断にあたっては、正面路線からはみ出た想定整形地を描いて算出された蔭地割合を参考にすることも有用と考えられる。また、基準解説には、「間口の両端により画地側に引いた2本の平行線内に画地の全体が入るような場合には、通常不整形地補正の必要性は認められない」との記載もあり、図表3－3－10のような土地であっても、家屋の建築等が通常の状態において行い得るものは不整形地とは判定しないことも考えられる。

③その他の場合

　上記①②の他にも、利用上の制約の程度が小さい場合として、蔭地割合の計測値が登記地積による値と現況地番図等による値とで異なる場合、評価対象画地が不整形地であっても多方路線地であり宅地としての利用上の制約が緩和される場合（図表３－３－11参照）、新しい開発地での路地状敷地等が考えられる。このような場合においても、付近の宅地との評価の均衡を考慮し、その形状だけでなく利用上の制約の程度もふまえて、必要に応じて附表４（注２）に準ずる等の対応が考えられる。

図表３－３－11　多方路線地であり宅地としての利用上の制約が緩和される場合

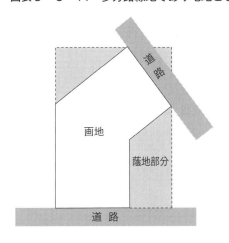

　なお、附表４（注２）に準ずる方法、または、市町村長の定める所要の補正として、不整形地補正率を修正して適用する場合においては、類似土地間における評価の均衡の実現や、納税者に対して補正率が恣意的に適用しているとの疑念を抱かせないためにも、担当者間においてある程度の目線を合わせておくことや、一定の参考例を評価事務取扱要領等に明示し、蔭地割合方式の例外パターンを統一的に判定できるようにしておくことが望ましい。

第 4 章

災害ハザードエリアにある土地の評価

　近年、地震災害、水害等の大規模な自然災害による被害が多発している。これらのますます頻発化、激甚化する自然災害に対応するために法整備が現在進められている。その一環として、安全なまちづくりのため、災害ハザードエリアにおける新規立地の抑制や移転促進の推奨などを盛り込んだ「都市再生特別措置法等の一部を改正する法律」により都市計画法の一部が改正され、令和4年4月1日から施行された。これにより一定の災害ハザードエリアにおける開発行為が規制（厳格化）されたため、今後、規制の対象となる土地の経済価値に、多かれ少なかれマイナスの影響を与えるものと考えられる。また、国土交通省や地方公共団体は、災害リスク情報の開示を推進しており、納税者は自ら所有する土地がどのような災害ハザードエリアにあるかを容易に知ることが可能となってきた。このような状況において、課税庁は、災害ハザードエリアの規制等が土地価格に及ぼす影響を見極め、影響が大きいと判断される場合には、土地評価の一連の流れのなかにその影響を織り込み、納税者に説明する必要がある。

　本章では、これらの法規制の土地価格への影響と評価に反映する方法について検討する。

1．都市計画法の改正の概要

（1）災害レッドゾーンにおける規制の追加

　災害レッドゾーンにおける自己業務用施設の開発が原則禁止とされた（都市計画法第33条第1項第8号）。

　通称「災害レッドゾーン」とは、都市計画法第33条第1項第8号の規定により、開発行為が規制されている区域をいう。従来、災害レッドゾーンは、①災害危険区域（建築基準法）、②土砂災害特別警戒区域（土砂災害警戒区域等における土砂災害防止対策の推進に関する法律（以下、「土砂災害防止法」とい

う））、③地すべり防止区域（地すべり等防止法）、④急傾斜地崩壊危険区域（急傾斜地の崩壊による災害の防止に関する法律）の４つの区域が該当し、自己以外の居住の用に供する住宅（分譲住宅、賃貸住宅など）及び自己以外の業務の用に供する施設（賃貸オフィス、賃貸ビル、貸店舗（ショッピングモールを含む）、貸倉庫など）の開発について、その開発区域内にこれら４つの区域を含んではならないとされていた。

　今回の改正は、特定都市河川浸水被害対策法の改正（令和３年11月１日施行）に伴い新設された「浸水被害防止区域」を災害レッドゾーンに加えたうえで、災害レッドゾーン（５つの区域）においては、従来認められていた自己業務用施設（自社オフィス、自社ビル、自社店舗（スーパー、コンビニを含む）、病院、社会福祉施設、旅館・ホテル、工場、倉庫等）の開発についても原則禁止となった。

　なお、本規定は新規の開発を規制するものであり、既存の自己業務用施設の建替を行う場合、土地の区画形質の変更を伴わなければ、規制の対象にはならない。

図表３－４－１　都市計画法第33条第１項第８号関連

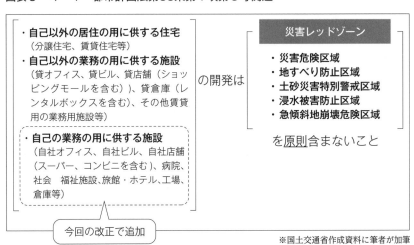

※国土交通省作成資料に筆者が加筆

例外的な許可の取扱いについては、令和3年4月1日付国都計第176号国土交通省都市局長通知「都市再生特別措置法等の一部を改正する法律による都市計画法の一部改正に関する安全なまちづくりのための開発許可制度の見直しについて（技術的助言）（以下、「技術的助言」という）」において、「開発区域の面積に占める災害危険区域等の面積の割合が僅少であるとともに、フェンスを設置すること等により災害危険区域等の利用を禁止し、又は制限する場合」などの例が示されている。

　ところで、災害レッドゾーンである5つの区域は各個別の法律によっても行為制限の規制を受ける。

　例えば、土砂災害特別警戒区域では、土砂災害防止法第10条第1項により、住宅（自己の居住の用に供するものを除く。）並びに高齢者、障害者、乳幼児その他の特に防災上の配慮を要する者が利用する社会福祉施設、学校及び医療施設（政令で定めるものに限る）であるものは、あらかじめ、都道府県知事の許可を受けなければならないとされている。また、土砂災害防止法第24条の規定により、「建築基準法第20条第1項に基づく政令においては、居室を有する建築物の構造が当該土砂災害の発生原因となる自然現象により建築物に作用すると想定される衝撃に対して安全なものとなるよう建築物の構造耐力に関する基準を定めるもの」とされており、これによりレッドゾーンにおいては、建築基準法施行令第80条の3に基づく要件を満たすことが求められることとなる。

　このような各個別の法律による制限と都市計画法第33条第1項第8号との関係については、前者が各個別の法律の目的を達成するため、規模にかかわらず一定の開発・建築等を制限するものであるのに対し、後者は一定規模以上の宅地の造成等について、災害の危険性が高いエリアにおける市街地の形成を防止するために制限を設けるという位置づけになっている。

図表３－４－２　各個別の法律による行為制限と都市計画法による行為制限

災害レッドゾーン	各個別の法律による行為制限	都市計画法による行為制限	
災害危険区域 〈建築基準法第39条第1項〉	災害危険区域内における住居の用に供する建築物の建築の禁止その他建築物の建築に関する制限で災害防止上必要なものは、条例で定める。（法第39条第2項） 　※災害危険区域は、急傾斜地崩壊危険区域としている団体が多いが、制限の内容は団体により異なる場合もあるため、個別に確認する必要がある。	自己の居住の用に供する住宅以外の開発行為は原則禁止（法第33条第1項第8号） ※規制対象規模	
土砂災害特別警戒区域 〈土砂災害防止法第9条第1項〉	（特定開発行為の制限） 　住宅（非自己）・要配慮者施設等の開発行為は土砂災害に対する土地の安全上必要な措置が講じられているか事前許可が必要（法第10条～） 　（建築物の構造に関する制限） 　建築基準法第二十条第一項に基づく政令においては、居室を有する建築物の構造が当該土砂災害の発生原因となる自然現象により建築物に作用すると想定される衝撃に対して安全なものとなるよう建築物の構造耐力に関する基準を定めるものとする。（法第24条） ⇒建築基準法施行令第80条の3	市街化区域	1,000㎡（三大都市圏の既成市街地、近郊整備地帯等は500㎡）以上
		市街化調整区域	原則として全ての開発行為
地すべり防止区域 〈地すべり等防止法第3条第1項〉	一　地下水を誘致し、又は停滞させる行為で地下水を増加させるもの、地下水の排水施設の機能を阻害する行為その他地下水の排除を阻害する行為（政令で定める軽微な行為を除く。） 　二　地表水を放流し、又は停滞させる行為その他地表水のしん透を助長する行為（政令で定める軽微な行為を除く。） 　三　のり切又は切土で政令で定めるもの 　四　ため池、用排水路その他の地すべり防止施設以外の施設又は工作物で政令で定めるもの（以下「他の施設等」という。）の新築又は改良 　五　前各号に掲げるもののほか、地すべりの防止を阻害し、又は地すべりを助長し、若しくは誘発する行為で政令で定めるもの 　一定の行為は、事前に許可が必要 　（法第18条第1項）	非線引き都市計画区域、準都市計画区域	3,000㎡以上
		都市計画区域外	1 ha以上

災害レッドゾーン	各個別の法律による 行為制限	都市計画法による 行為制限
急傾斜地崩壊危険区域 〈急傾斜地の崩壊による災害の防止に関する法律第3条第1項〉	一　水を放流し、又は停滞させる行為その他水のしん透を助長する行為 　二　ため池、用水路その他の急傾斜地崩壊防止施設以外の施設又は工作物の設置又は改造 　三　のり切、切土、掘さく又は盛土 　四　立木竹の伐採 　五　木竹の滑下又は地引による搬出 　六　土石の採取又は集積 　七　前各号に掲げるもののほか、急傾斜地の崩壊を助長し、又は誘発するおそれのある行為で政令で定めるもの 　（法第7条第1項）	
浸水被害防止区域 〈特定都市河川浸水被害対策法第56条第1項〉 令和3年11月1日施行	（特定開発行為の制限） 　住宅（非自己）・要配慮者施設等の開発行為は洪水等に対する土地の安全上必要な措置が講じられているか事前許可が必要（法第57条～） 　（特定建築行為の制限） 　住宅（自己用を含む）・要配慮者施設等の建築行為は、洪水又は雨水出水に対して安全な構造であるか事前許可が必要（法第66条～）	

（2）市街化調整区域における開発抑制の強化

　市街化調整区域は、市街化を抑制すべき区域であり、市街化調整区域で許可できる開発行為は、都市計画法第34条各号に列挙されているものに限定される。この市街化調整区域のうち災害ハザードエリアにおいては、開発許可がさらに厳格化された（都市計画法第34条第11号・第12号関連）。

　都市計画法第34条第11号は、市街化区域に隣接・近接し、概ね50戸以上の建築物が連たんしている等の一定の要件を備えた地域において、地方公共団体が条例により区域を指定し、環境の保全上支障がない建物の建築を目的とした開発を可能としている。他方、都市計画法第34条第12号は、市街化

を促進するおそれがなく、かつ、市街化区域内で行うことが困難または著しく不適当と認められる開発行為として、地方公共団体が条例で区域、目的又は予定建築物等の用途を限定したうえで開発を可能としている。

　災害ハザードエリアとは、具体的には5つの災害レッドゾーン（災害危険区域、地すべり防止区域、土砂災害特別警戒区域、急傾斜地崩壊危険区域、浸水被害防止区域）に災害イエローゾーンと呼ばれる土砂災害警戒区域（土砂災害防止法）、浸水想定区域（水防法）のうち洪水、雨水出水または高潮の発生時に生命または身体に著しい危害が生ずるおそれがある土地の区域、その他「溢水、湛水、津波、高潮等による災害の発生のおそれのある土地の区域」を加えたものである。

　都市計画法第34条第11号・12号に基づき条例で区域を定める場合（以下、「条例区域」という）、従来から都市計画法施行令によって「溢水、湛水、津波、高潮等による災害の発生のおそれのある土地の区域」は含まないことと規定されていた。しかしながら、実態は徹底されていなかったため、今回の改正によって、より明確に災害ハザードエリアは原則として条例区域から除外しなければならないこととなった。

図表3－4－3　都市計画法第34条第11号・第12号関連

・条例区域（11号・12号関連）から以下の災害ハザードエリアを除外

〈災害レッドゾーン〉　　　　　　〈災害イエローゾーン〉
・災害危険区域　　　　　　　　　・土砂災害警戒区域
・地すべり防止区域　　　　　　　・浸水想定区域
・土砂災害特別警戒区域　　　　　　（洪水等の発生時に生命又は身体に著しい危害が
・浸水被害防止区域　　　　　　　　　生ずるおそれがある土地の区域に限る。）
・急傾斜地崩壊危険区域

そのほか溢水、湛水、津波、高潮等による災害の発生のおそれのある土地の区域

※国土交通省作成資料に筆者が加筆

なお、浸水想定区域のうち、条例区域から除外する土地の区域について都市計画法施行規則では、①土地利用の動向、②浸水した場合に想定される水深及び浸水継続時間、③過去の降雨により河川が氾濫した際に浸水した地点、その水深その他の状況を勘案して決定することとされているが、このうち②の想定浸水深について、技術的助言では「一般的な家屋の２階の床面に浸水するおそれがある水深３.０ｍを目安とすること。なお、水防法の規定に基づき国土交通大臣、都道府県知事又は市町村長が作成する浸水想定区域図において、想定浸水深の閾値として3.0ｍが用いられていない場合には、2.0ｍとすることも考えられる。」とされている。

（3）災害レッドゾーンからの移転に係る開発許可の特例

　上記のとおり、市街化調整区域で許可される開発行為は、都市計画法第34条各号に列挙されているものに限定されている。このうち、災害レッドゾーンとなったため開発不能となった土地について、市街化調整区域内で災害レッドゾーンの外への移転に係る開発許可が可能であるかが問題となる。今回の改正においては、都市計画法第34条第８号の２が新設され、市街化調整区域内の災害レッドゾーンに存する建築物等が、従前と同一の用途で市街化調整区域内の災害レッドゾーン外に移転する場合、建築等を許可できることとなった。

　なお、この新設規定はあくまで市街化調整区域内の災害レッドゾーンからの移転に関する規定であり、市街化区域内の災害レッドゾーンから市街化調整区域内へ移転する場合には適用されない。

２．災害レッドゾーンの固定資産税評価への影響

（1）総務省通知における留意事項について

　総務省から通知されている「令和６年度固定資産の評価替えに関する留意事項について」（令和４年５月23日付総税評第15号総務省自治税務局資産評価室長通知）によれば、「法令等による開発行為の制限、建築規制等の土地の利

用制限等が土地の価格に影響を与える場合には、当該影響を適正に評価に反映させること。」とされ、都市計画法や災害関係法令による法規制等の影響も必要に応じて土地評価額に反映させることになる。

　令和3年度評価替えでは、総務省が令和3年4月に調査した「その他の補正項目及び補正方法に関する調査」によると「規制区域」に関して、市町村長の所要の補正の実施状況は図表3－4－4のとおりで、近年、集中豪雨により土砂災害が頻発していることもあり、土砂災害特別警戒区域への適用が顕著である。

図表3－4－4　市町村長の所要の補正の実施状況（令和3年1月1日現在）

補正の内容			適用団体数	実施割合
規制区域	ア	急傾斜地法	212	12.3%
	イ	航空法	15	0.9%
	ウ	土砂災害警戒区域	209	12.2%
	エ	土砂災害特別警戒区域	1,090	63.4%
	オ	津波災害警戒区域	8	0.5%
	カ	その他	117	6.8%
	小　計		1,121	65.2%

出典：一般財団法人資産評価システム研究センター「資産評価情報」2021.11（245号）

（2）固定資産税評価への対応方法

　宅地の価格に影響を及ぼす要因があると認められる場合、当該要因の考慮の方法として、市街地宅地評価法の適用を前提とすれば、標準宅地の鑑定評価の段階で反映する方法、路線価付設の段階で反映する方法、画地の評価額の段階で反映する方法が考えられる。災害レッドゾーン指定による土地利用制限については、指定の有無が画地内で混在するケースがあることや、通常、都市計画予定地などの建築規制に係る補正については所要の補正で考慮して

いることからすると、画地単位での所要の補正で対応することが多いものと考えられる。

　もっとも、広い範囲で災害レッドゾーンが指定され、災害レッドゾーンのみで状況類似地区（域）が区分できるような場合には、理論上、標準宅地の鑑定評価において宅地価格への影響を考慮することも可能である。ただし、他の災害レッドゾーンが指定されている箇所では所要の補正で対応する等、同一市町村内で異なる考慮方法を採用すると、災害レッドゾーン間の価格バランスが確保されているか検討する必要があり、また評価事務上の管理も煩雑になる。

（3）評価上の留意事項

　図表3−4−4によると、令和3基準年度評価替えにおける災害レッドゾーンについての所要の補正は、急傾斜地崩壊危険区域及び土砂災害特別警戒区域を補正の対象としている団体が多いものと思われるが、他の災害レッドゾーンである災害危険区域、地すべり防止区域、浸水被害防止区域についても、市町村内に指定がある場合にはその規制の内容を確認し、土地の利用制限等が土地の価格に影響を与える場合には、当該影響を適正に評価に反映させる必要があると考えられる。この場合、複数の災害レッドゾーンが重複して指定される場合には、同様の減価要因に基づく減価を重複して考慮することにより、過大な減価とならないよう注意する必要がある。

　また、今回の改正により災害レッドゾーンでは自己業務用施設の開発が禁止となったことから、地域の標準的な土地利用を実現できないケースが考えられる。例えば、市街化区域内の工場・倉庫が集積する地域で、災害レッドゾーンに指定されている規模1,000㎡（三大都市圏の既成市街地等では500㎡）を超える未利用地について考えてみると、今回の法改正により標準的な使用方法である工場や倉庫等の建築を目的とした開発行為は原則禁止とされるため、その利用用途は著しく制限を受ける。

　したがって、災害レッドゾーンにおける所要の補正の検討にあっては、こ

のような法改正による影響をも十分に考慮し、既存の土砂災害特別警戒区域等の補正についても、適用方法に問題はないか、補正率に不足はないか、その根拠は適切であるか等を再検討する必要がある。この場合、土地評価に関する専門家である不動産鑑定士等の意見を参考とすることも有用である。

　なお、浸水被害防止区域については、特定都市河川浸水被害対策法の改正（令和3年11月1日施行）により創設されたものであり、「特定都市河川流域のうち、洪水又は雨水出水が発生した場合には建築物が損壊し、又は浸水し、住民その他の者の生命又は身体に著しい危害が生ずるおそれがあると認められる土地の区域で、一定の開発行為及び一定の建築物の建築又は用途の変更の制限をすべき土地の区域」と定義されている。

　この法改正により、特定都市河川の指定要件に、河川等の整備による浸水被害の防止が、これまでの「市街化の進展により困難なもの」に加え、「当該河川が接続する河川の状況若しくは当該都市部を流れる河川の周辺の地形その他の自然的条件の特殊性により困難なもの」が追加された。

　このことから、今後は全国の河川において特定都市河川の指定が増え、併せて浸水被害防止区域が指定される可能性があるため、その動向を注視する必要がある。

3．開発許可の厳格化等が固定資産税評価に与える影響
（1）災害ハザードエリアにおける開発許可の厳格化が評価に与える影響

　都市計画法の改正に伴う不動産価格への影響を考察すると、条例区域内の災害ハザードエリアに該当する土地について、既に建物の敷地として利用されている宅地は、土地の区画形質の変更を伴わない限り建替可能であるため、その経済価値に大きな変化は生じないと考えられる。他方、未利用地や駐車場等の場合、これまで条例区域内のため認められていた開発許可が条例区域から除外されることにより、原則開発不可となるため、経済価値の低下が予想される。

図表3－4－5　災害ハザードエリア内の土地に係る法規制変化のイメージ

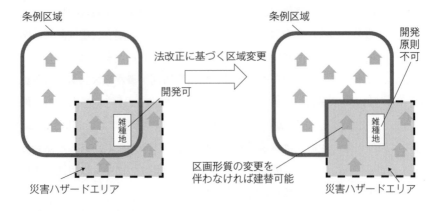

　一般に市街化調整区域内の宅地地域に所在する未利用地や駐車場等は、宅地比準雑種地として評価する。この場合、既に宅地として利用されている比準元宅地との比較において、雑種地は宅地化が困難であることの減価を考慮することが通常である。ただし、条例区域内の宅地と雑種地では行為制限の差がないため、条例区域内の雑種地については同区域内の宅地を比準元として減価を行わない市町村もある。

　このように条例区域内の雑種地の評価に関して、条例区域外の雑種地の評価とは区別している場合、災害ハザードエリア除外後は条例区域外の（減価を要する）雑種地として評価を見直すことになる。

　また、条例区域から除外される宅地については、土地の区画形質の変更を伴わない限り建替可能であるため、その経済価値に大きな変化は生じない場合が多いと考えられるが、今回の改正を含む最近の災害への危機意識の高まりをふまえ、災害イエローゾーン内の土地の市場性低下が顕著に認められる場合には、災害ハザードエリアの内外で状況類似地区（域）を区分し、それぞれに標準宅地を選定するなど、評価上考慮することを検討すべきと考えられる。

　なお、上記の技術的助言において、「条例区域は市街化調整区域において

特例的に開発等を認める区域であることから、土地所有者等が、自己の権利に係る土地が条例区域に含まれるかどうかを容易に認識することができるよう、条例区域を客観的かつ明確に示すとともに、簡易に閲覧できるようにすべきである。」と示され、また、「条例区域を客観的かつ明確に示す具体的な方法としては、地図上に条例区域の範囲を示す、地名・字名、地番、道路等の施設、河川等の地形・地物等を規定すること等により条例区域の範囲を特定することが考えられる。」とされた。これにより、今後は、条例区域の範囲を地図上で確認できる市町村が増えていくことが期待される。

（2）災害レッドゾーンからの移転に係る開発許可の特例が固定資産税評価へ与える影響

　市街化調整区域内の宅地については、宅地化に至る成り立ちによって開発や建築の規制が異なる。

　例えば、線引き以前からの宅地であれば、同一の用途への建替が売買による第三者に対しても認められるのに対し、農林漁業に従事する者の居住用宅地や農家等の二・三男等が分家する場合の住宅等は、原則として本人や相続人等にしか認められない。

　このような属人性や用途の限定性についての取扱いは地方公共団体によって異なるが、宅地の価格事情に大きな影響を与えていると認められる場合には、市街化調整区域内の宅地について、標準宅地と比較した場合の評価する各画地の都市計画法上の開発・建築規制の差異を所要の補正で考慮することが考えられる。

図表３－４－６　市町村長の所要の補正の実施状況（令和３年１月１日現在）

補正の内容	適用団体数	実施割合
市街化調整区域	226	13.1%

出典：一般財団法人資産評価システム研究センター「資産評価情報」2021.11（245号）

このような所要の補正を適用している市町村においては、今回の改正により災害レッドゾーンからの移転により宅地となった土地（都市計画法第34条第8号の2）を補正の対象に含めるか否かについて、属人性や用途の限定性を開発担当部局に確認のうえ、適正に判断する必要がある。

【参考文献】
（1）『「安全なまちづくり」・「魅力的なまちづくり」の推進のための都市再生特別措置法等の改正について』　国土交通省都市局都市計画課
（2）「土地に関する調査研究　－災害対策関連法による利用制限がある土地の評価について－」一般財団法人 資産評価システム研究センター　令和2年3月

第 **5** 章

その他の雑種地の評価

　固定資産税の評価において、田、畑、宅地、鉱泉地、池沼、山林、牧場、原野に該当しない土地の地目は雑種地とされている。雑種地の利用状況は多岐にわたり、その評価にあたって、比準元の土地の選定等、判断に苦慮する場面も多いものと考えられる。

　本章では、その他の雑種地について、その意義や評価基準における評価方法を確認するとともに、比準元の土地の選定や比準割合の設定における留意点について整理する。

1. 雑種地の意義

（1）雑種地とは

　雑種地とは、地目の分類の1つである。

　評価基準においては、下記のとおり地目の別を定めている。

　第1節　通則

　一　土地の評価の基本

　土地の評価は、次に掲げる土地の地目の別に、それぞれ、以下に定める評価の方法によつて行うものとする。この場合における土地の地目の認定に当たつては、当該土地の現況及び利用目的に重点を置き、部分的に僅少の差異の存するときであつても、土地全体としての状況を観察して認定するものとする。

　（1）田

　（2）畑

　（3）宅地

　（4）削除

　（5）鉱泉地

（6）池沼

（7）山林

（8）牧場

（9）原野

（10）雑種地

　評価基準は、上記の各地目について、その定義を定めていないが、裁判例においては、「固定資産税における統一的な評価の必要性に照らすと、その定義は、不動産登記に関する手続準則第68条に定めるものと一致する項目については、当該項目の定義に従うことが合理的であると考えられる」（平成30年12月19日さいたま地裁）、「不動産登記における地目認定において、固定資産税評価の場合と同様に土地の現況及び利用目的に重点を置き、土地全体としての状況を観察して定めるものとされていることからすると、固定資産税評価で（中略）地目認定をするに当たっては、登記準則を参照するのが相当」（平成30年12月20日東京地裁）とされている。

　このため、固定資産評価における地目の認定にあたっては、不動産登記事務取扱手続準則（平成17年2月25日付民二第456号法務省民事局長通達）の定義を参考とすることが適当と考えられる。そこで、不動産登記事務取扱手続準則第68条における雑種地の意義を確認すると、雑種地は「以上のいずれにも該当しない土地」とされている。このため、固定資産税の評価においても、雑種地とは、「他の地目のいずれにも該当しない土地」と判断すべきと考えられる。

　なお、基準解説においては、下記のように記載されている。

第10節　雑種地

Ⅰ　雑種地の意義等

1　意義

雑種地とは、田、畑、宅地、鉱泉地、池沼、山林、牧場及び原野以外

の土地をいうものであって、これに包含される土地は、野球場、運動場、変電所敷地等のようにその現況が比較的宅地に類似しているものから、不毛地、砂地、土取場跡等のように原野的なものに至るまで多岐にわたる。

不動産登記事務取扱手続準則第69条に掲げられた雑種地の例を挙げれば下記のとおりである。

不動産登記事務取扱手続準則第69条

（5）水力発電のための水路又は排水路は，雑種地とする。

（7）遊園地，運動場，ゴルフ場又は飛行場において，一部に建物がある場合でも，建物敷地以外の土地の利用を主とし，建物はその附随的なものに過ぎないと認められるときは，その全部を一団として雑種地とする。ただし，道路，溝，堀その他により建物敷地として判然区分することができる状況にあるものは，これを区分して宅地としても差し支えない。

（8）競馬場内の土地については，事務所，観覧席及びきゅう舎等永久的設備と認められる建物の敷地及びその附属する土地は宅地とし，馬場は雑種地とし，その他の土地は現況に応じてその地目を定める。

（9）テニスコート又はプールについては，宅地に接続するものは宅地とし，その他は雑種地とする。

(12) 火葬場については，その構内に建物の設備があるときは構内全部を宅地とし，建物の設備のないときは雑種地とする。

(13) 高圧線の下の土地で他の目的に使用することができない区域は，雑種地とする。

(14) 鉄塔敷地又は変電所敷地は，雑種地とする。

(15) 坑口又はやぐら敷地は，雑種地とする。

(16) 製錬所の煙道敷地は，雑種地とする。

(17) 陶器かまどの設けられた土地については，永久的設備と認められる雨覆いがあるときは宅地とし，その設備がないときは雑種地とする。

(18) 木場（木ぼり）の区域内の土地は，建物がない限り，雑種地とする。

（2）評価基準における雑種地の分類

評価基準においては、雑種地を、ゴルフ場等用地及び鉄軌道用地と、これら以外の雑種地に分類し、それぞれの分類ごとに評価方法を規定している。このため、本章では、ゴルフ場等用地及び鉄軌道用地を除く雑種地を、「その他の雑種地」とする。

図表3−5−1　雑種地の分類（基準解説を参考に作成）

ゴルフ場等用地	ゴルフ場、遊園地、運動場、野球場、競馬場及びその他これらに類似する施設の用に供する一団の土地（テニスコート、プール、スキー場、スケート場及び比較的広汎な土地を造成して各種の催物的な事業の用に供される土地等をいう。）
鉄軌道用地	鉄道又は軌道による運送の用に供する土地
その他の雑種地	鉄塔敷地、水路敷地及び稲干場、塚地、柴草地、不毛地、砂地、荒ぶ地、土取場跡地等 （評価実務上取り上げられることの多い、駐車場、資材置場、空き地、私道、ゴルフ練習場、自動車教習所、変電所、太陽光発電施設用地等もその他の雑種地に含まれる。）

2. 評価基準におけるその他の雑種地の評価方法

（1）評価基準の規定

評価基準においては、その他の雑種地の評価方法について、下記のように規定している。

第10節　雑種地
一　雑種地の評価

雑種地の評価は、二及び三に掲げる土地を除き、雑種地の売買実例価額から評定する適正な時価によつてその価額を求める方法によるものとする。ただし、市町村内に売買実例価額がない場合においては、土地の位置、利用状況等を考慮し、附近の土地の価額に比準してその価額を求める方法によるものとする。

二　ゴルフ場等用地の評価　（略）

三　鉄軌道用地の評価　（略）

　したがって、原則としては、売買実例価額から評定することとし、売買実例価額がない場合においては、土地の位置、利用状況等を考慮し、附近の土地の価額に比準してその価額を求める方法によることとなる。

　　原則・・・売買実例地比準方式
　　例外・・・近傍地比準方式

　なお、基準解説では、その他の雑種地の評価方法について、以下のように図解している。

（1）評価方法の概要

　その他の雑種地の評価は、原則として、売買実例価額から求める方法であるが、売買実例価額がない場合には付近の土地の価額に比準して求めることとなる。

ア　売買実例地比準方式

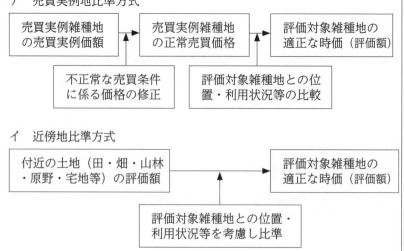

イ　近傍地比準方式

（2）売買実例地比準方式の課題点

　評価基準においては、売買実例地比準方式が原則的な評価方法として規定されている。しかし、雑種地については、宅地等の場合と異なり、適切な売買実例を多数収集することが困難である。また、売買実例を収集することができた場合でも、その他の雑種地の位置、利用状況等は多岐にわたるため、売買実例雑種地の価格事情が評価対象雑種地と著しく異なることが考えられる。このような事情により、売買実例地の正常売買価格から評価対象雑種地の適正な評価額を評定することには困難が伴う場合が多く、このため、実務的には、例外的な評価方法である近傍地比準方式を採用して評価している場合が多いものと考えられる。

以下、本章では、近傍地比準方式による評価方法とその留意点を中心に記載する。

3．近傍地比準方式による評価の手順

近傍地比準方式によるその他の雑種地の評価方法の手順は下記のとおりである。

> 評価基準（抜粋）
> 土地の位置、利用状況等を考慮し、附近の土地の価額に比準してその価額を求める方法によるものとする。

このため、近傍地比準方式により雑種地の評価を行う場合、実務的には、以下の手順により評価を行うこととなる。

①附近の土地の選定
②附近の土地と評価対象雑種地の土地の位置、利用状況等の相違の把握
③土地の位置、利用状況等の相違に応じて附近の土地の価額を補修正

上記のうち、②の手順と③の手順を合わせて、土地評価の実務上「比準」という。

評価実務上、判断に迷う場面が多いと考えられるのが、比準元となる附近の土地の選定と、比準する際に採用する比準割合等の判断である。そこで、以下では、「附近の土地の選定における留意点」と、「比準にあたっての留意点」を確認する。

4．附近の土地の選定における留意点

近傍地比準方式により雑種地の評価を行うに際しては、まず始めに、比準元となる土地を評価対象雑種地の附近の土地から選定する。この際、比準元となる附近の土地の地目については、通常、評価対象雑種地の周辺に存する

土地の現況及び利用目的を参考に以下のように選定することが適当と考えられる。

　　評価対象雑種地の附近の土地のほとんどが宅地である場合・・・宅地を選定
　　評価対象雑種地の附近の土地のほとんどが田である場合・・・田を選定
　　評価対象雑種地の附近の土地のほとんどが畑である場合・・・畑を選定
　　評価対象雑種地の附近の土地のほとんどが山林である場合・・・山林を選定

　また、評価対象雑種地の規模や形状、その他の価格形成要因の状況に応じて、附近の土地のうち、これらの価格形成要因が類似する土地を選定することが適当と考えられる。

　附近の土地の選定にあたって、特に留意すべき価格形成要因としては、①行政的条件の異同、②周辺の宅地化の状況等が挙げられる。

　以下では、附近の土地の選定において参考としうる、鑑定評価基準における「地域」の概念及び都市計画における区域区分について紹介する。

（1）鑑定評価基準における「地域」の概念

　不動産鑑定士が不動産の鑑定評価を行う際の基準である、鑑定評価基準においては、下記のように規定されている。

　　不動産の鑑定評価においては、不動産の地域性並びに有形的利用及び権利関係の態様に応じた分析を行う必要があり、その地域の特性等に基づく不動産の種類ごとに検討することが重要である。

　　不動産の種類とは、不動産の種別及び類型の二面から成る複合的な不動産の概念を示すものであり、この不動産の種別及び類型が不動産の経済価値を本質的に決定づけるものであるから、この両面の分析をまって初めて精度の高い不動産の鑑定評価が可能となるものである。

　　不動産の種別とは、不動産の用途に関して区分される不動産の分類を

いい、不動産の類型とは、その有形的利用及び権利関係の態様に応じて区分される不動産の分類をいう。

第1節　不動産の種別

Ⅰ　地域の種別

　地域の種別は、宅地地域、農地地域、林地地域等に分けられる。

　宅地地域とは、居住、商業活動、工業生産活動等の用に供される建物、構築物等の敷地の用に供されることが、自然的、社会的、経済的及び行政的観点からみて合理的と判断される地域をいい、住宅地域、商業地域、工業地域等に細分される。さらに住宅地域、商業地域、工業地域等については、その規模、構成の内容、機能等に応じた細分化が考えられる。

　農地地域とは、農業生産活動のうち耕作の用に供されることが、自然的、社会的、経済的及び行政的観点からみて合理的と判断される地域をいう。

　林地地域とは、林業生産活動のうち木竹又は特用林産物の生育の用に供されることが、自然的、社会的、経済的及び行政的観点からみて合理的と判断される地域をいう。

　なお、宅地地域、農地地域、林地地域等の相互間において、ある種別の地域から他の種別の地域へと転換しつつある地域及び宅地地域、農地地域等のうちにあって、細分されたある種別の地域から、その地域の他の細分された地域へと移行しつつある地域があることに留意すべきである。

また、地域分析については、鑑定評価基準において、下記のように規定されている。

Ⅰ　地域分析の意義

　地域分析とは、その対象不動産がどのような地域に存するか、その地域はどのような特性を有するか、また、対象不動産に係る市場はどのよ

うな特性を有するか、及びそれらの特性はその地域内の不動産の利用形態と価格形成について全般的にどのような影響力を持っているかを分析し、判定することをいう。

このように、不動産の鑑定評価においては、対象不動産がどのような地域に存するかを判定することが、鑑定評価額を決定するうえで特に重要な意義を持つ。

固定資産税評価における雑種地の評価にあたっても、評価対象雑種地そのものの利用状況だけに着目するのではなく、周辺の土地を含めた地域の状況が、どのような地域の種別（宅地地域、農地地域または林地地域）にあてはまるかに着目して、比準元の土地を判断することが適正な評価のために有用であると考えられる。すなわち、評価対象雑種地が宅地地域に存する場合は附近の宅地に比準し、農地地域に存する場合は附近の田または畑に比準し、林地地域に存する場合は附近の山林に比準することが妥当である場合が多いものと考えられる。

ただし、宅地地域、農地地域、林地地域等の相互間において、ある種別の地域から他の種別の地域へと転換しつつある地域があることに留意する必要がある（鑑定評価基準第2章第1節Ⅰ）。転換しつつある地域においては、通常、転換すると見込まれる転換後の種別の地域をより重視すべきであるが、転換の程度の低い場合においては、転換前の種別の地域をより重視すべきであると考えられる（鑑定評価基準第3章第2節）。

これをふまえると、宅地化が進展している地域においては、宅地に比準して評価することが妥当であると考えられる。また、宅地化の進展があまりみられない地域においては、農地や山林等に比準して評価することを検討する必要があると考えられる。

（2）都市計画における区域

　評価対象雑種地が、都市計画上のどのような区域に所在するかによって、土地の利用制限が大きく異なる。このため、比準元の土地の選定にあたっては、都市計画上、どのような区域に所在する土地であるかを確認することが有用である。

　都市計画法においては、次表のような区域が定められている。

図表３－５－２　都市計画における区域の別

区域の名称		区域の内容
都市計画区域		市又は町村の中心の市街地を含み、一体的に整備し、開発し、及び保全する必要がある区域
	市街化区域	すでに市街地を形成している区域及びおおむね十年以内に優先的かつ計画的に市街化を図るべき区域
	市街化調整区域	市街化を抑制すべき区域
準都市計画区域		都市計画区域外の区域のうち、そのまま土地利用を整序し、又は環境を保全するための措置を講ずることなく放置すれば、将来における一体の都市としての整備、開発及び保全に支障が生じるおそれがあると認められる一定の区域

　都市計画法に基づくこれらの区域には、基本的な土地の利用制限が定められており、区域内に所在する土地の利用方法に大きな影響を持つ。

①市街化区域の場合

　市街化区域の場合、用途地域に応じた用途や建築形態の規制はあるものの、基本的には建築物の建築が可能である。また、一定規模を超える開発行為で、都道府県知事の許可を要する場合であっても、都市計画法第33条の技術基準を満たす場合には、基本的に開発が許可される。このため、現状では宅地利用されていない土地についても、潜在的には宅地としての利用価値及び交

換価値を有していると考えられる。

　以上より、市街化区域内のその他の雑種地については、基本的には、附近の宅地に比準して評価することが適当と認められる場合が多いものと考えられる。

②市街化調整区域の場合

　市街化調整区域の場合、都市計画法第43条の規定により、開発許可を受けた区域以外の土地においては、都道府県知事の許可を受けなければ、原則として建築行為をしてはならないとされている。また、開発許可についても、都市計画法第33条の技術基準に加えて、同法第34条による立地基準を満たさなければ、原則として開発が許可されない。このため、現状で宅地利用されていない土地については、建築物の敷地として利用することが困難な場合が多い。

　以上より、市街化調整区域内の雑種地については、市街化調整区域内の宅地と比較しても、潜在的に同程度の利用価値を有しているとはいえず、宅地比準とする場合には、この点を考慮して相応の減価を講じる必要があると考えられる。また、周辺の土地の利用状況に応じて、農地・山林を比準元とすることが適当と認められる場合もあると考えられる。

　なお、市街化調整区域の土地であっても、都市計画法第34条第10号の規定に基づく地区計画又は集落地区計画の区域、同法第34条第11号及び12号の規定に基づき条例で指定された区域内の土地については、開発許可の蓋然性が高く、宅地としての潜在的価値を有しているといえることから、市街化調整区域内であっても、減価の程度は相当に小さいと考えられる。

　なお、都市計画法第34条第11号区域及び12号区域については、令和4年4月施行の都市計画法改正により、条例で指定する区域から災害ハザードエリアを除外することとされている（第3篇第4章「災害ハザードエリアにある土地の評価」参照）。このため、市街化調整区域内の雑種地について、都市計

画法第34条第11号区域等の内外で適用する比準割合等を区別している市町村においては、今般の都市計画法改正の影響を確認する必要がある。

都市計画における区域と、通常妥当すると考えられる比準元の土地の地目及び比準にあたって考慮すべき点をまとめると次表のとおりである。

図表３－５－３　都市計画における区域と比準元の土地の地目等

	場合分け	比準元の土地	比準にあたっての留意点
市街化区域の場合	通常の場合（下記以外）	宅地	必要に応じて造成費相当額を控除または比準割合において考慮
	市街化の実質を全く欠くような地域に存する場合	農地・山林	必要に応じて造成費相当額を加算
市街化調整区域の場合	都市計画法第34条11号区域等に存する場合	宅地	必要に応じて造成費相当額を控除または比準割合において考慮 なお、行政的条件の面で宅地化の困難性を考慮する必要性は低い
	附近に宅地が多い場合	宅地	必要に応じて造成費相当額を控除または比準割合において考慮するとともに、宅地化の困難性を考慮
	附近に農地・山林が多い場合	農地・山林	必要に応じて造成費相当額を加算
区域区分が定められていない都市計画区域（非線引き区域）	附近に宅地が多い場合	宅地	必要に応じて造成費相当額を控除または比準割合において考慮 なお、行政的条件の面で宅地化の困難性を考慮する必要性は低い
	附近に農地・山林が多い場合	農地・山林	必要に応じて造成費相当額を加算

このように、評価対象雑種地がどのような都市計画上の区域に存するかを把握することで、比準元の土地の選定について検討しやすくなるものと考えられる。

　上表にまとめた内容のうち、特に留意すべき点は以下のとおりである。
①同じ市街化調整区域内の土地であっても、既存宅地と雑種地とでは、建物の敷地としての利用可能性が大きく異なるので、市街化調整区域内に存する雑種地を宅地に比準して評価する場合は、宅地化の困難性を、比準する際の比準割合等で適切に考慮する必要がある。
②市街化調整区域内の都市計画法第34条第11号区域等に存する土地については、行政的条件の面からは宅地化の困難性を考慮する必要性は低い。ただし、インフラの整備状況や地勢等の周辺状況によっては、経済合理性の観点から宅地化が困難な場合があるので、比準元の土地との間でこれらの状況に相違があれば、比準する際の比準割合等で適切に考慮する必要がある。
③区域区分が定められていない都市計画区域（非線引き区域）内に存する土地についても、上記②と同様に、行政的条件の面からは宅地化の困難性を考慮する必要性は低いものの、インフラの整備状況や地勢等の周辺状況によっては、経済合理性の観点から宅地化が困難な場合がある。そのため、比準元の土地との間でこれらの状況に相違があれば、比準する際の比準割合等で適切に考慮する必要がある。

　都市計画上の区域と、鑑定評価基準における地域の種別との関係をイメージした図を以下に示す。

図表３－５－４　都市計画における区域と地域の種別のイメージ

※図中の 〔　　　　　〕 内は、鑑定評価基準における「地域の種別」

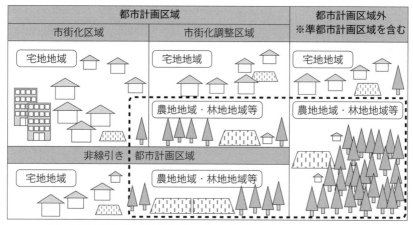

参考：「土地に関する調査研究報告書」　一般財団法人資産評価システム研究センター　令和３年度

なお、市街化区域に存していても、経済合理性等の観点から宅地化が著しく困難である土地については、宅地に比準して評価することでは適正な時価を算定することができない場合もある（平成16年２月13日広島高裁判決。令和３年度土地研報告書参照）。個別性の強い特殊な事例ではあるものの、このような場合には、農地、山林等に比準して評価することが適当と認められる場合もあると考えられる。

５．比準にあたっての留意点

比準にあたっての留意点については、下表に示す評価対象雑種地の位置や利用状況等に応じて、分類、整理できると考えられる。

図表３－５－５　評価対象雑種地の位置、利用状況等に応じた分類

（1）市街化区域に存する場合 （都市計画法第34条第11号区域等に存する場合を含む）	①現状利用ありの場合	ア　現在の利用状況をふまえ、宅地化の可能性がある場合	a　市街地に存し、宅地化が比較的容易と認められる場合
			b　経済合理性等の観点から宅地化が容易とは認められない場合
		イ　現在の利用状況をふまえ、宅地化の可能性が低いと認められる場合	
	②現状利用なしの場合	ア　物理的な観点をふまえ、宅地化の可能性がある場合	a　市街地に存し、宅地化が比較的容易と認められる場合
			b　経済合理性等の観点から宅地化が容易とは認められない場合
		イ　評価対象雑種地の物理的な状況をふまえ、宅地化の可能性が乏しい場合	
（2）市街化調整区域に存する場合 （都市計画法第34条第11号区域等に存する場合を除く）	①現状利用ありの場合	ア　現在の利用状況をふまえ、他の用途への転換の可能性がある場合	
		イ　現在の利用状況をふまえ、他の用途への転換の可能性が低いと認められる場合	
	②現状利用なしの場合	ア　物理的な観点をふまえ、土地の有効利用の可能性がある場合	a　他の用途への転換が比較的容易と認められる場合
			b　経済合理性等の観点から他の用途への転換が容易とは認められない場合
		イ　物理的な観点をふまえ、土地の有効利用の可能性が乏しい場合	

　以下では、上表の区分ごとに、比準にあたっての留意点を説明する。

（1）市街化区域に存する場合

① 現状利用ありの場合

ア　現在の利用状況をふまえ、宅地化の可能性がある場合

a　市街地に存し、宅地化が比較的容易と認められる場合

市街化区域に存し、駐車場、資材置場、ゴルフ練習場、自動車教習所等として利用されている雑種地については、現在の利用状況が一時的・暫定的な場合も多く、通常は、宅地化が比較的容易である場合が多いものと考えられる。このため、行政的条件や物理的な制約により、宅地化が相当に困難であると認められる場合を除き、附近の宅地に比準して評価することが適当であると考えられる。

これらの雑種地を宅地比準により評価するにあたっては、附近の宅地と比較して道路との高低差があり造成を要する等の減価要因があると認められる場合には、比準する際の比準割合等において、造成費相当額を考慮することが必要と考えられる。

一方で、既に整地等がなされている雑種地で、宅地化にあたり特に造成等を要しないと認められ、その他の減価要因もないと認められる場合においては、附近の宅地からの比準割合を1.00とすることが適当であると考えられる。

なお、造成費相当額を比準割合において考慮する場合、地価水準と造成費相当額との関係に留意する必要がある。

通常、造成費相当額は、土地の価格に比べて地域差が少ないため、地価水準の高い地域ほど、土地価格に対する造成費相当額の割合が小さくなる。したがって、その他の雑種地に適用する比準割合が、造成費相当額を主な構成要素として設定されている場合には、地価水準が高い市町村ほど、1.00に近い比準割合を採用する傾向になると考えられる。

例として、比準元の宅地の価格水準が100,000円／㎡だとした

場合、3,000円／㎡の造成費を考慮すると比準割合としては0.97となり、5,000円／㎡の造成費を考慮すると比準割合としては0.95となる。

一方、比準元の宅地の価格水準が10,000円／㎡だとした場合、3,000円／㎡の造成費を考慮すると比準割合としては0.70となり、5,000円／㎡の造成費を考慮すると比準割合としては0.50となる。

このように、比準元の宅地の価格水準によって、宅地の価格に占める造成費相当額の割合が大きく変わってくるため、市町村内の平均的な宅地価格を把握したうえで、比準割合を設定する必要があると考えられる。

b　経済合理性等の観点から宅地化が容易とは認められない場合

市街化区域に存し、行政的条件や現在の利用状況の面からは宅地への用途転換が可能であるものの、周辺の土地利用の状況や当該雑種地に特有の事情等から、宅地としての需要に乏しく、経済合理性の観点から宅地化が容易でないと認められる場合、これらの雑種地を宅地比準により評価するにあたっては、比準に際し、経済合理性の観点での宅地化の困難性を考慮することが必要と考えられる。

また、周辺に宅地が全く存在せず、市街化の実質を全く欠くような地域に存する場合には、宅地比準ではなく、農地や山林に比準して評価することを検討する必要がある。

イ　現在の利用状況をふまえ、宅地化の可能性が低いと認められる場合

鉄塔敷地や共用私道、共用のゴミ置き場などとして利用されている雑種地については、現在の利用状況の社会的・公共的な役割をふまえると、宅地への転換が容易であるとはいえない場合が多いものと考えられる。

このため、これらの土地を宅地に比準して評価する場合には、比準

する際の比準割合等において、公共性や社会的な必要性に起因する宅地転用の困難性を考慮する必要があると考えられる。

　なお、令和3年度の土地研報告書を確認すると、私道については0.1前後、鉄塔敷地については0.5前後の比準割合で評価している市町村が比較的多い状況が読み取れる（宅地比準、割合方式の場合）。

②　現状利用なしの場合

　ア　物理的な観点をふまえ、宅地化の可能性がある場合

　　a　市街地に存し、宅地化が比較的容易と認められる場合

　　　市街化区域に存し、現在は空き地等の未利用地となっているものの、周辺の土地利用の状況や行政的条件、物理的な土地の状況により、宅地化が比較的容易であると認められる場合、附近の宅地に比準して評価することが適当であると考えられる。

　　　宅地比準により評価するにあたっての留意点は、上記①アaのとおりである。

　　b　経済合理性等の観点から宅地化が容易とは認められない場合

　　　市街化区域に存し、行政的条件や現在の利用状況の面からは宅地への用途転換が可能であるものの、周辺の土地利用の状況や当該雑種地に特有の事情等から、宅地としての需要に乏しく、経済合理性の観点から宅地化が容易でないと認められる場合には、上記①アbに記載の点に留意する必要がある。

　イ　評価対象雑種地の物理的な状況をふまえ、宅地化の可能性が乏しい場合

　　　狭小地や法面地など、物理的に宅地化が困難と認められる雑種地を宅地に比準して評価する場合には、比準する際の比準割合等において物理的な宅地転用の困難性を考慮する必要がある。

狭小地については、駐車場等として利用可能な程度の規模の場合には、附近の宅地の価格と比較的接近するものと考えられるが、駐車場としての利用すら困難であると認められる規模の場合には、減価の程度が大きくなるものと考えられる。

　　また、法面地については、傾斜が大きく、有効利用が全くできない状況の土地については、大きく減価する必要があると考えられる。

（2）市街化調整区域に存する場合

①　現状利用ありの場合

　ア　現在の利用状況をふまえ、他の用途への転換の可能性がある場合

　　市街化調整区域に存し、駐車場、資材置場、ゴルフ練習場、自動車教習所等として利用されている雑種地については、土地所有者等の意思により、他の用途への転換が比較的容易である場合が多いものと考えられる。このため、評価にあたり特に考慮すべき要因としては、市街化調整区域に存することによる宅地化の困難性が挙げられる。

　　これらの雑種地を宅地比準により評価するにあたっては、附近の既存宅地と比較して建築物の敷地としての利用が困難である等の減価要因があるため、比準する際の比準割合等において、この点を考慮することが必要と考えられる。

　　市街化調整区域の比準割合については、固定資産税評価における他の補正率等（がけ地補正、特別緑地保全地区内の土地の評価等）を参考にすることや、相続税評価における取扱い（タックスアンサーNo.4628「市街化調整区域内の雑種地の評価」）を参考にすることが考えられる。

　イ　現在の利用状況をふまえ、他の用途への転換の可能性が低いと認められる場合

　　市街化調整区域に存し、鉄塔敷地や共用私道として利用されている雑種地については、社会的・公共的な役割から、他の用途への転換が

容易ではない場合があると考えられる。

このため、これらの土地を宅地に比準して評価する場合には、上記アの宅地化の困難性に加えて、公共性や社会的な必要性に起因する用途転換の困難性を考慮することも考えられる。

② 現状利用なしの場合

ア　物理的な観点をふまえ、土地の有効利用の可能性がある場合

　a　他の用途への転換が比較的容易と認められる場合

　　市街化調整区域に存し、現在は、空き地等の未利用地となっているものの、他の用途への転換が比較的容易であると認められる場合、上記①アと同様に評価することが適当であると考えられる。

　b　経済合理性等の観点から他の用途への転換が容易とは認められない場合

　　市街化調整区域に存し、空き地等の未利用地となっている土地で、周辺の土地利用の状況や、評価対象雑種地に特有の事情等から、積極的な土地利用の需要に乏しいと認められる場合には、需要が劣る程度を比準元の土地と比較して、比準することが必要と考えられる。

　　また、周辺に全く宅地が存在しない場合には、宅地比準ではなく、農地や山林に比準して評価することを検討する必要がある。

イ　物理的な観点をふまえ、土地の有効利用の可能性が乏しい場合

　　市街化調整区域に存する狭小地や法面地など、物理的に有効利用が困難と認められる雑種地を評価する場合には、比準する際の比準割合等において、物理的な土地利用の困難性を考慮する必要がある。

　　また、周辺に全く宅地が存在しない場合には、宅地比準ではなく、農地や山林に比準して評価することを検討する必要がある。

(3) 区域区分が定められていない都市計画区域（非線引き区域）に存する場合

　非線引き区域においては、市街化調整区域内の土地に比べて宅地化の制約が厳しくないことから、基本的には、上記（1）「市街化区域に存する場合」と同様の点に留意して評価することが適当と考えられる。なお、宅地としての需要がないと認められる地域においては、附近の土地の状況を確認し、必要に応じて、農地または山林等から比準することを検討する必要がある。

6．宅地比準により評価する場合のその他の留意点

　宅地比準により評価する際の留意点として、上記5に掲げた事項のほか、比準元の宅地の評価において既に考慮されている要因については、雑種地の比準割合の設定において、これを二重に考慮することのないよう、注意する必要がある。

　具体的には、狭小地としての減価を比準割合に含めている場合における間口狭小補正や、造成費相当額の減価を比準割合に含めている場合における高低差補正など、画地計算法の適用等において既に考慮された要因が、比準割合の適用においても重複して考慮されてしまうケースが考えられるので留意する必要がある。

　このような場合の対応として、特定の比準割合を適用する際には、画地計算法の全部または一部を適用しない等の取扱いが考えられる。

7．宅地以外の地目から比準して評価する場合のその他の留意点

　農地または山林から比準して評価する場合、評価対象雑種地の整地等の状況に応じて、比準元の農地または山林の価格に、造成費相当額を加算することが考えられる。

　山林を造成して、太陽光発電施設用地等として利用する場合においては、樹木の伐採や抜根等を要すると考えられる。さらに、駐車場や資材置場等として利用する場合においては、樹木の伐採や抜根等に加えて、盛土、切土や地ならし等の整地が必要と考えられる。このように、評価対象雑種地の整地

等の状況に応じて、加算すべき造成費相当額も異なることに留意する必要がある（下図①、②参照）。

　農地を造成して、太陽光発電施設用地や資材置場等として利用する場合においては、農地を宅地とする場合に比べて簡易な造成にとどまる場合もある。このため、評価対象雑種地の整地等の状況に応じて、農地を宅地とするための造成費相当額よりも低い額を加算する取扱いも妥当であると考えられる（下図③、④参照）。

図表３－５－６　加算する造成費のイメージ

①附近の山林の価額＋樹木の伐採や抜根等に要する費用＝山林比準雑種地（傾斜地）の価額

②附近の山林の価額＋樹木の伐採や抜根等に要する費用＋盛土、切土や地ならし等の整地費用＝山林比準雑種地（平坦地）の価額

③附近の農地の価額＋盛土、切土や地ならし等の整地費用＝農地比準雑種地（簡易な造成）の価額

 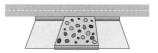

④附近の農地の価額＋盛土、切土や地ならし等の整地費用＋擁壁費＝宅地としての価額

 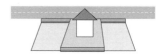

　以上のとおり、雑種地の評価にあたり、比準元の土地の価額に造成費相当額を加算または控除して当該雑種地の価額を算出する場合には、加算または

控除する造成費相当額の相互関係にも留意する必要がある。

【参考文献】
（１）「雑種地の評価方法（近傍地比準方式の具体的方法)」一般財団法人資産評価システ
　　　ム研究センター　土地に関する調査研究委員会　令和３年度調査報告書

第 6 章

ゴルフ場用地の評価

　ゴルフ場用地の評価については、平成21基準年度評価替えより評価基準（第10節　二　ゴルフ場等用地の評価）の改正が行われ、ゴルフ場用地の範囲が「一団の土地」として明示された（平成20年8月11日総務省告示第435号）。

　以下、本章では、現行の評価基準の考え方や、改正の基礎となった平成18年度、19年度における土地研の報告書に触れながら、ゴルフ場用地の評価方法を解説する。

　なお、本来、評価基準「第10節　二　ゴルフ場等用地の評価」はゴルフ場用地だけでなく、遊園地、運動場、野球場、競馬場及びその他これらに類似する施設の用に供する土地も含んでいるが、本章では、ゴルフ場用地のみを対象としている。

1.　評価方法の基本

　ゴルフ場用地の評価方法は、評価基準及び「ゴルフ場の用に供する土地の評価の取扱い（平成11年9月1日自治評第37号）」において示されており、令和3基準年度評価替えにおけるゴルフ場用地の造成費算定の参考として「ゴルフ場用地の評価に用いる造成費について（令和2年7月7日総税評第41号）」が示されている。その概要は下記のとおりである。

図表3-6-1　ゴルフ場の用に供する土地の評価の取扱い

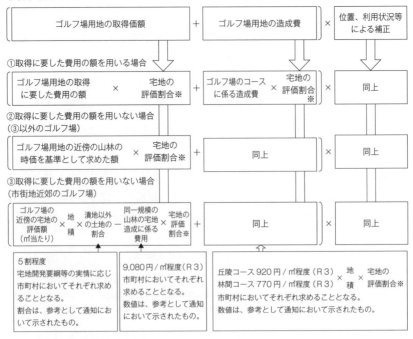

出典：「令和4年度固定資産税関係資料集Ⅰ―総括的資料編―」一般財団法人資産評価システム研究センターを基に筆者が作成

　ゴルフ場用地の評価は、基本的には山林（素地）の取得価額に造成費を加算し、これに位置・利用状況等による補正を適用して行う。取得価額の算定にあたっては、上記①の実際の取得に要した費用を用いて算定する方法（いわゆる取得価額方式）、②の近傍の山林に係る売買実例価額等を基準として求める方法（いわゆる山林比準方式）、市街地近郊のゴルフ場については、③の算式により求める方法（いわゆる宅地比準方式）の3つの算定方法がある。

2. 評価時の留意点

以下、ゴルフ場用地の評価手順にしたがって留意点等を解説していく。

(1) 範囲の認定

ゴルフ場用地の範囲の認定については、実務上、納税者との折衝の焦点になるケースが多く、平成21基準年度に評価基準の記述が改められたこともあり、特に留意を要する部分である。

ゴルフ場用地の評価単位は一筆ではなく、一団の土地として認定を行う。その際の一団の土地を特定する手順については、基準解説の質疑応答で示されており、その要旨を抜粋すると、

①（第一段階） ゴルフ場用地として評価すべき土地の候補を把握する

②（第二段階） 第一段階で把握した範囲について、ゴルフ場等がその効用を果たすうえで必要がないと認められる部分を除く

③上記により残った部分をゴルフ場用地の範囲とする

となる。

図表3－6－2　ゴルフ場用地の範囲の認定イメージ

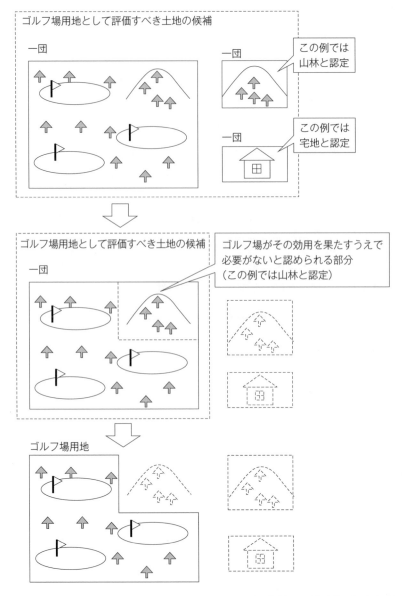

出典：基準解説の質疑応答を基に筆者が加工

220

実務において悩ましいのは、①②の段階で具体的にどのように特定を行っていくのかということであろう。これについては、土地研でも画一的な判断は難しいとされており、各ゴルフ場用地について個別的に判断を行う必要があるが、各段階の留意点を示すと下記のとおりである。

①第一段階（候補地の把握）の留意点
　ａ．コース部分のみを範囲とするのではない

　　ここで把握する範囲は、上記(1)②の裏を返せばゴルフ場がその効用を果たすうえで必要があると認められる土地である。ゴルフ場は当然、コース部分のみで存立しうるものではなく、クラブハウスの敷地、通路、駐車場、アウトオブバウンズ等が一体となって存立するものであるから、これらも含めて範囲とする必要がある。

図表３－６－３　　　ゴルフ場として把握する範囲

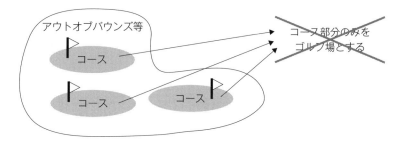

　ｂ．保存樹林地の取扱い

　　ゴルフ場を新設する場合には、都道府県や市町村におけるゴルフ場の造成に係る条例や開発指導要綱等により、既存のいわゆる保存樹林地の保存が義務づけられている場合が多い。この規制を受ける地域においては、保存樹林地なくしてゴルフ場は存立しえないものであるので、保存樹林地も範囲に含める。

ｃ．抽出の目安

　ａ、ｂの事項に留意しつつ候補を把握していくこととなるが、ゴルフ場の周辺は山林となっていることが多く、物的観点のみによってゴルフ場用地の範囲を抽出することは難しい。

　この際の目安として、質疑応答において以下の考え方があげられている。

- ▶　開発許可を受けている範囲
- ▶　ゴルフ場事業者が所有あるいは賃借している土地

　このうち開発許可を受けた範囲については、事業者自らがゴルフ場の範囲として申請し許可を得た範囲であり、客観的な根拠となることから有力な指標であるが、一方で開設時期の古いゴルフ場については開発許可を得ておらず、すべてのゴルフ場に適用できないという短所がある。

　また、ゴルフ場事業者が所有または賃借している土地については、一般のゴルフ場は借地を含むケースが多いので、事業者からの資料提供等の協力が得られるかどうかが課題となる。

②第二段階（ゴルフ場の効用を果たすうえで必要がないと認められる土地の除外）の留意点

　上記①により把握した候補地のうち、ゴルフ場の効用を果たすうえで必要がないと認められる土地を除外していくが、特に留意を要するケースの主なものを例示すると下記のとおりである。ただし、あくまで例示であるので、この例を参考にしつつ、原則どおり、当該部分がゴルフ場の効用を果たすうえで必要がないと認められる土地か否かを、実態に即して判断する必要がある。

ａ．条例等で定められた保存樹林地以上に樹林地を保有している場合

　ゆったりとした配置をコンセプトにしたゴルフ場や、ゴルフ場開設後に条例等の改正があった場合などでは、現行の条例等で定められた保存樹林地以上に樹林地を保有しているケースがある。このように要件以上に樹林

地を確保している場合、超過分については、ゴルフ場における法令上の存立要件とはならないことから、効用を果たすうえで必要があると認められる土地か否かを慎重に検討する必要がある。

　具体的には、ホール数に比例した標準的な規模を超えて著しく広大で過剰な樹林地がオーナー所有・賃借となっている場合に、一部の樹林地をゴルフ場用地から除外できることとなる。

図表３－６－４　条例等で定められた保存樹林地以上に樹林地を保有している場合

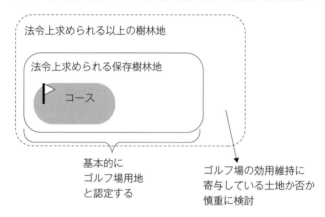

ｂ．ゴルフ場を拡大する目的で先行取得している場合

　例えば、まずは18ホールで開設するが将来的に27ホールに拡大する予定など、新設の段階でその後のゴルフ場を拡大することを視野に入れて用地を取得し、そのまま開発されていない部分が存するケースがある。また、その後の開発環境の変化から予定が頓挫しているケースも少なくない。このような場合、必ずしも現在のゴルフ場としての、効用を果たすうえで必要がない土地であるケースも多い。

ｃ．地権者との関係等でゴルフ場に必要のない土地を取得している場合

　用地取得の際、地権者との関係で、本来ゴルフ場と関係のない土地も取

得せざるを得ないケースがある。例えば、ゴルフ場と分断された土地（隣の山の山林）や立体的に分断された土地（がけなどにより分断された土地）などである。このような土地も範囲の特定について上記aと同様に慎重な検討を要する。

(2) 山林の取得価額（時価）の算定

山林の取得価額（時価）の求め方は「1. 評価方法の基本」のとおり3通りある（図表3－6－1参照）。以下、山林の取得価額の評価方法の選択時及び評価時の留意点を示す。

①実際の取得に要した費用を用いて取得価額を算定する方法（取得価額方式）

実際のゴルフ場用地の取得費用から求める方式であり、下記の要件を充足するゴルフ場について適用が可能である。

- ▶ 取得に要した費用が明らかになっていること
- ▶ 取得後に価格事情等に変動がないこと
- ▶ 当該費用に不正常要素を含まないこと、または不正常要素の排除が可能であること

取得価額方式は、ゴルフ場用地の原則的な評価方法の位置付けにあるが、評価に必要となる情報が得られない場合があり、また、取得時に買い進み等の不正常要素が含まれているケースもあるため、取得価額方式を適用できないゴルフ場も多い。

令和4年3月3日の最高裁判決では、周辺の土地が工場等の敷地となっている、塩田跡地に開発されたゴルフ場用地の評価について、「塩田跡地としての取得価額を評定していないことを理由として評価基準の定める評価方法に従って算定されたものということができないとした原審の判断には、固定資産の評価に関する法令の解釈適用を誤った違法がある」として、造成から長期間が経過するなどの事情により、当該ゴルフ場用地の造成前の状態を前提とした取得価額を正確に把握できない場合等において、取得価額方式以外

の方法で評価することが、評価基準の定める評価方法にしたがっていないと解すべき理由はないことが示されている。

取得価額方式を適用する場合の留意点は、当該方式は、取得に要した費用そのものを取得価額として採用するものではないということである。取得価額を算出するにあたっては、下記の観点から、採用する取得価額が適正であるか否かを検証し、必要に応じて補正等を行って取得価額を算定する必要がある。

▶ 取得価額に含まれる費用項目は適正か

取得価額には、立木の価額、補償費、登記費用及び公租公課等は含まないとされているが、事業者等から提示される取得費の内訳において必ずしも明確になっていない場合があるので、このような場合は、適宜確認のうえ、取得価額に含まれるか否か適正に区分を行う必要がある。

▶ 不正常要素は排除されているか

実際のゴルフ場用地の取得にあたっては、地権者との関係や経営計画上の観点から割高で取得せざるを得ない等、不正常要素を含むケースもあるため、このような場合には、適正に不正常要素を排除する必要がある。

②近傍の山林に係る売買実例価額等を基準として求める方法（山林比準方式）

実際の取得費用が不明等の理由で①の適用ができないゴルフ場のうち、③の市街地近郊ゴルフ場以外のゴルフ場については、近傍の山林の売買実例価額を基準として取得価額を求める。

山林比準方式を採用する場合の留意点は下記のとおりである。

▶ 求める山林の価格は、一般山林の評価額とは異なること

ゴルフ場の取得価額を算定するに際しての山林の価格は、当該ゴルフ場に近接する開発を目的とした場合の価格であり、山林の生産力に着目して形成される一般山林の評価額とは異なる。開発を目的とした場合の山林価格は、当該ゴルフ場用地の立地条件や地勢・規模等の個別的な条件、また、その時々の経済情勢によっても大きく異なるので、適正な価

格の判定が難しい。したがって、必要に応じて専門家の意見を聴取する等、適正な時価の算定に努める必要がある。

▶ 鑑定評価、比準表の活用

　平成19年度の土地研において、ゴルフ場における山林の時価の算定にあたっては、鑑定評価を起点として比準表を活用する評価方法が提案されている（図表3－6－5参照）。この方法は適正な評価に資するのみならず、比準表及び比準表適用書式については、現行の評価額のバランス検証を行う際のツールとしても活用できるものである。

　なお、ゴルフ場素地のための山林の鑑定評価書様式（図表3－6－6）を活用する場合、宅地鑑定評価書参考様式についての近年の改正（第2篇・第2章・図表2－2－1参照）をふまえ、様式を適宜修正して用いる必要がある。

図表３－６－５　山林時価の評価方法のイメージ

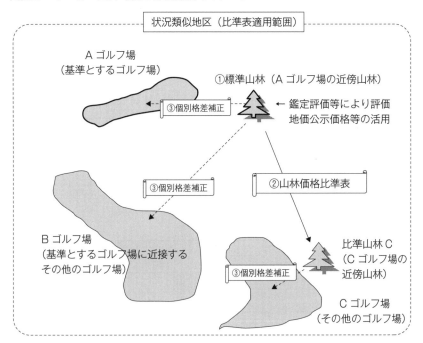

状況類似地区（比準表適用範囲）

A ゴルフ場
（基準とするゴルフ場）

①標準山林（A ゴルフ場の近傍山林）

③個別格差補正　←　← 鑑定評価等により評価
地価公示価格等の活用

③個別格差補正

②山林価格比準表

B ゴルフ場
（基準とするゴルフ場に近接する
その他のゴルフ場）

比準山林 C
（C ゴルフ場の
近傍山林）

③個別格差補正

C ゴルフ場
（その他のゴルフ場）

出典：「ゴルフ場用地の評価について」財団法人資産評価システム研究センター　土地に関する調査研究委員会
平成19年度調査報告書

図表３－６－６　ゴルフ場素地のための山林の鑑定評価書様式

鑑 定 評 価 書

No.____

(1) 基本的事項及び鑑定評価額等

提 出 先	○○○市	
発 行 年 月 日	平成○○年○○月○○日	
不動産鑑定業者の住所及び名称		
資 格 氏 名	不動産鑑定士 ○○　○○	印

価 格 時 点　平成20年1月1日

鑑 定 評 価 の 依 頼 目 的　固定資産税ゴルフ場用地評価における近傍山林時価算定の基礎資料

不 動 産 の 種 別 ・ 類 型　林地

価 格 の 種 類　正常価格

評 価 条 件　現況は立木等が茂生する山林であるが、当該土地に立木等がなく、かつ、使用収益を制約する権利の存しないものとしての鑑定評価

鑑定評価の依頼目的及び条件と価格の種類との関係　本件鑑定評価は、上記依頼目的及び条件により、現実の社会経済情勢の下で合理的と考えられる条件を満たす市場で形成されるであろう市場価値を表示する適正な価格を求めるものであり、求める価格は正常価格である。

利害関係と縁故関係の有無　ない

鑑 定 評 価 を 行 っ た 日　平成20年　　月　　日

評価対象不動産の確認　実 地 調 査 日　平成19年　　月　　日

確認に用いた資料　貴市(町・村)備付の土地課税台帳及び付属図面

照 合 の 結 果　概ね一致を確認

(様式一(林地用))

(1)標準地番号	(2)所在及び地番	(3)1平方メートル当たり 標準価格	(4)	鑑 定 評 価 額	
				総 額	1平方メートル当たり価格
		円		円	円

(2) 標準地価格評価の内訳(その1)

No.____

(1)標準地番号				(2)所在及び地番					(3)地積	㎡

（以下、取引事例比較法・収益還元法・控除法の詳細表）

	(4)所在	(5)地積	(6)地目	(7)取引時点	(8)取引価格	(9)事情補正	(10)時点修正	(11)事例地の個別的要因の標準化補正	(12)地域格差	(13)比準価格
取引事例比較法 a		㎡		年　月		×$\frac{100}{[\ \ ]}$	×$\frac{100}{[\ \ ]}$	×$\frac{100}{[\ \ ]}$(=)	×$\frac{100}{[\ \ ]}$	円/㎡ (14)比準価格決定の理由の要旨
b						×$\frac{100}{[\ \ ]}$	×$\frac{100}{[\ \ ]}$	×$\frac{100}{[\ \ ]}$(=)	×$\frac{100}{[\ \ ]}$	
c						×$\frac{100}{[\ \ ]}$	×$\frac{100}{[\ \ ]}$	×$\frac{100}{[\ \ ]}$(=)	×$\frac{100}{[\ \ ]}$	

	A式	(15)収入(主伐)	(16)収入(間伐後の後価合計)	(17)造林費の後価合計	(18)差引費((15)+(16)-(17))	(19)還元利回り	(20)収益還元した価格((18)÷(19))	(21)管理費資本	(35)収益価格
収益還元法		円/㎡	円/㎡	円/㎡	円/㎡	%	円/㎡	円/㎡	円/㎡ (36)収益価格を求めることができなかった場合にはその理由
	B式	(22)収入	(23)純収益率	(24)純収益((22)×(23))	(25)還元利回り	(26)収益価格((24)÷(25))	(27)転換後・造成後の更地を想定した価格	(28)有効宅地化率を乗じた価格	
		円/㎡	%	円/㎡	%	円/㎡	円/㎡	円/㎡	
		(29)造成工事費	(30)付帯費用	転換見込時期における素地価格(28)-(29)-(30))	(32)転換見込時期以降に得られる純収益の年額(=(26))	(33)転換見込時期における価値増分((31)÷(26)×100%)	(34)価値増分((26)×(33))		
		円/㎡	円/㎡	円/㎡	円/㎡	%	円/㎡		

	(37)転換後・造成後の更地を想定した価格	(38)有効宅地化率を乗じた価格(%)	(39)造成工事費	(40)公共公益施設負担金	(41)投下資本収益(39)+(40))×np n:月 p:%	(42)販売費及び一般管理費	(43)差引額(38)-(39)+(40)+(41))	(44)投下資本収益等控除後の価格 1/(1+np) n:月 p:%	(45)熟成度修正 1/(1+r)^m	(46)個別的要因の比較	(47)控除後価格
控除法	円/㎡	円/㎡	円/㎡	円/㎡	円/㎡	円/㎡	円/㎡	円/㎡		×$\frac{[\ \ ]}{100}$	円/㎡ (48)控除後価格を求めることができなかった場合にはその理由

(様式二(林地用))

出典：「ゴルフ場用地の評価について」財団法人資産評価システム研究センター　土地に関する調査研究委員会
平成19年度調査報告書

228

図表３－６－７　ゴルフ場素地のための山林の鑑定評価書様式

(4)　標準地価格評価の内訳(その3)

標準地番号 ☐☐☐☐☐　　　　No. ____

(49) 試算価格の調整と標準価格の査定						(50) 1平方メートル当たり 標準価格 円
(51) 公示（基準）価格を規（比）準とした価格	(52) 標（基）準地番号	(53) 公示(基準)価格	(54) 時点修正	(55)個別的要因の 標準化補正	(56) 地域格差	(57) 規(比)準価格 円／㎡
	標準地	円／㎡	×　[　　] ── 100	×　100 ── [　　]	×　100 ── [　　]	円／㎡
		補正項目 補正率の内訳				
	基準地	円／㎡	×　[　　] ── 100	×　100 ── [　　]	×　100 ── [　　]	円／㎡
		補正項目 補正率の内訳				

(58) 鑑定対象標準地の価額の決定	(59) 個性率の内訳		(60)　鑑　定　評　価　額	
			総　　額	1平方メートル当たり価格
			円	円

様式三（林地用）

標　準　地　調　書

No. ____

標準地番号　※	所在及び地番　　※	所有者名　　※	地積　※

近隣地域の状況

近隣地域の範囲		行政的条件	区　　　域	
交通・接近条件	最寄駅への接近性		保安林の指定	
	最寄I．Cへの接近性		自然公園の区分	
	都心への接近性		伐採規制	
	道路の状態	(幅員)　　　　(舗装)		その他	
		(道路の種別)　(道路の配置)	標準的画地	規　　模	㎡　形　　状
	幹線道路の状態	(道路の種別)　(系統・連続性)		接面関係	
		(幹線道路への距離)		その他	
	その他			標準的使用	
自然的条件	日照、気温等気象の状態		標準地(対象地)の画地条件等		
	標高、傾斜等の地勢の状態	(標高)　　　　(傾斜度)	規模　※	㎡
		(傾斜の方向)　(傾斜の型)	間口　※	m　奥行　※　　m
	土壌の良否		高低差　※	
	その他		形状　※	
宅地化条件	宅地化等の影響		接面関係	
	造成の難易		道路の状態	
	その他		傾斜度、傾斜の方向	
			利用の現況	
			最有効使用	

様式四（林地用）

※は市町村で記入する。

出典：「ゴルフ場用地の評価について」財団法人資産評価システム研究センター　土地に関する調査研究委員会
平成19年度調査報告書

図表３−６−８　ゴルフ場素地のための比準表

条件	価格形成要因	極めて劣る	劣る	普通	優る	極めて優る
交通・接近条件	最寄駅への接近性	30km以上 −10〜	20km〜30k −5	10km程度 0	5km程度 +5	2km以内 +10〜
	最寄I.Cへの接近性	30km以上 −10〜	20km〜30k −5	10km程度 0	5km程度 +5	2km以内 +10〜
	都心(各都道府県中心)への接近性	100km以上 −10〜	50km程度 −5	20km〜30km 0	10km程度 +5	5km以内 +10〜
	道路の状態		林道から遠隔 −3〜	普通(林道に接面) 0	優る(市道等に接面) +3〜	
	幹線道路の状態		5km以上 −5〜	2km程度 0	接面、または近接	
	その他		劣る −5〜	普通 0	優る +5〜	
自然的条件	日照、気温等気象の状態		劣る −5〜	普通 0	優る +5〜	
	標高		2,000m超 −5〜	1,000m程度 0	500m以内 +5〜	
	傾斜	30度以上 −10〜	20度以上 −5	10度〜15度 0	5度以内 +10〜	
	土壌の良否		−2〜	0	+2〜	
	その他		−3〜	0	+3〜	
宅地化条件	宅地化等の影響(周辺利用状況)	対象ゴルフ場以外の開発地がない −20〜	対象ゴルフ場以外の開発地が少ない −10	対象ゴルフ場以外に開発も散在するが、最近の利用状況に変化がない 0	対象ゴルフ場以外にも開発地が散在し、開発が進行してきている +10	林道よりも開発地が多い +20〜
	宅地化条件等の影響(転用可能性)	将来的な転用可能性がない −20〜	将来的な転用可能性が低い −10	将来的な転用可能性がある 0	将来的な転用可能性が高い +10	直ちに転用可能 +20〜
	その他		−10〜	0	+10〜	
行政的条件	公法上の規制		制限が強い(開発不可能) −10〜	制限が弱い(制限はあるが開発可能) 0	制限がない(市街地区域等) +10〜	
	その他		−10〜	0	+10〜	

出典：「ゴルフ場用地の評価について」財団法人資産評価システム研究センター　土地に関する調査研究委員会

平成19年度調査報告書

図表３−６−９　ゴルフ場素地のための比準表適用書式

標準地、比準地番号	標準地	比準地1	比準地2	比準地3
最寄駅への接近性				
最寄I.Cへの接近				
都心への接近性				
道路の状態				
幹線道路の状態				
その他				
(a)交通・接近条件　　計		/100	/100	/100
日照、気温等気象の状態				
標高				
傾斜				
土壌の良否				
その他				
(b)自然的条件　　計		/100	/100	/100
宅地化等の影響(周辺利用状況)				
宅地化等の影響(転用可能性)				
その他				
(c)宅地化条件　　計		/100	/100	/100
公法上の規制				
その他				
(d)行政的条件　　計		/100	/100	/100
格差率　a×b×c×d		/100	/100	/100
標準価格	円／㎡	円／㎡	円／㎡	円／㎡

出典：「ゴルフ場用地の評価について」財団法人資産評価システム研究センター　土地に関する調査研究委員会

平成19年度調査報告書

③市街地近郊ゴルフ場（宅地比準方式）

市街地近郊ゴルフ場とは、その周辺地域の大半が宅地化されているゴルフ場をいう。市街地近郊ゴルフ場については、図表3-6-1の③で示した算式により、取得価額を求める。

この方法を採用する場合の留意点は下記のとおりである。

▶ 当該ゴルフ場用地は宅地開発が可能な土地であるか

　この算定方法は、当該ゴルフ場用地について、宅地開発を行うことを前提として算式が作られている。したがって、原則としてこの方法は、宅地開発が可能なゴルフ場用地について適用できる方法となる。

　当該ゴルフ場用地において宅地開発が可能か否かは、下記の観点から検討を行う。

1．法的に宅地開発できる土地であること（開発許可基準等に適合すること）

（1）都市計画法

　以下の区域に属する土地であること

①市街化区域（生産緑地除く）

②市街化調整区域内で都市計画法34条11号又は12号に規定される条例区域

③同条10号の地区計画又は集落地区計画の区域

④非線引き都市計画区域

⑤都市計画区域外

（2）建築基準法

　接道義務等、建築基準法上の建築許可基準に該当すること

（3）条例、指導要綱

　がけ地条例、宅地開発指導要綱等の基準に適合する土地であること

2．技術的に宅地造成が可能

　地勢、地盤等の状況から造成不可能な土地でないこと

3．開発の投資採算性を有する

母都市の都心（主に通勤圏）への接近性、公共公益施設の整備の程度、宅地需要の状況等を鑑み、造成後の宅地需要が期待できる土地であること

出典：「ゴルフ場用地の評価について」財団法人資産評価システム研究センター土地に関する調査研究委員会平成18年度調査報告書を基に、その後の都市計画法改正を反映して修正

　ただし、周辺に山林がない等、評価技術的な要請からこの方法の採用が必要とされるケースもあると考えられるが、その場合には、求められた価格について適正な価格であるか否かを検証する必要がある（平成30年2月28日の福岡高裁宮崎支部判決において、「・・・通知の定める宅地比準方式によるゴルフ場用地の評価額は、近傍宅地の評価額が反映されたものとなるのであって、一般に宅地と開発を目的とした山林との間で相当程度評価額の差が存在する・・・」として、宅地比準方式によるゴルフ場用地の評価結果と山林比準方式のゴルフ場用地の評価結果は理論的に一致するとする控訴人らの主張を退けている。）

▶　宅地の時価を求めるにあたって

　宅地の時価は、近傍の宅地の評価額から比準して求めるが、当該ゴルフ場用地と比準を行う近傍地とは、環境面等で格差が認められる場合が多い。したがって、比準にあたっては、単に近傍宅地の評価額そのものを採用するのではなく、それぞれの環境面等の比較を行って適正な価格を算定する必要がある。

▶　潰地以外の土地の割合の算定にあたって

　潰地とは、宅地開発する際に宅地化されない土地をいい、宅地開発にあたって付設される道路や公園等が該当する。この潰地の割合は、当該土地の規模や形状によっても異なるが、当該市町村の宅地開発に係る指導要綱（例えば、道路幅員は○m以上を確保する、開発面積のうち○％以上の緑地、公園を確保する）等の制約も受けるので、これらの法令に即して、潰地の割合を算定する必要がある。なお、ゴルフ場用地については、規

模が数十haと相当大規模となることから、通常の宅地開発時の公共施設に加えて、学校等大型の公共施設の設置を求められる場合もある。

図表3－6－10　潰地以外の土地の割合と算定

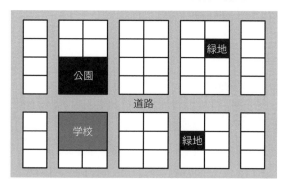

□：宅地→潰地以外の土地に相当

道路 ▨ ▨ ：宅地以外→潰地に相当

　以上の法令上の要件をふまえ、かつ当該ゴルフ場用地の個別性（規模、形状等）も考慮して実現可能な開発計画を作成し、潰地以外の土地の割合を算定することが必要である。

　なお、全国の平均的な潰地以外の土地の割合として「5割程度」が総務省通知に示されているので、これを参考として活用できる。

▶　山林に係る宅地造成費の算定にあたって

　　山林に係る宅地造成費は、ゴルフ場と同一規模の山林を宅地に造成することとした場合において通常必要とされる造成費をいう。これについても山林に係る平均的宅地造成費9,080円/㎡程度（令和3基準年度評価替え時）が示されているが、造成費は地域的にも異なり、また、開発計画によっても異なるので、実態に即した宅地造成費の算定が必要となる。

(3) ゴルフ場の造成費の算定

　評価基準は、ゴルフ場用地の造成費を「当該ゴルフ場等用地の造成に通常必要と認められる造成費によるものとし、芝購入費、芝植付費及び償却資産として固定資産税の課税客体となるものに係る経費を除く。」としている。

　造成費については、全国の平均的造成費として、コース区分ごとに下記のとおり示されている。

図表３－６－11　コース区分と平均的造成費

区分	定義	平均的造成費 （令和３基準年度評価替え時点）
丘陵コース	国内の大半のコースがこれにあたる。丘陵地帯ないしは山岳のすそ野に造られたゴルフ場を指し、最も標準的なコース。	920円／㎡程度
林間コース	歴史の古いコースに多く見られ、平野部（平地林地域）に造られたコースを指し、造成費、特に土工事（土量の切り盛り移動）を余り要しないもの。	770円／㎡程度

　なお、ゴルフ場は、コースなど造成を要する部分と、樹林地等の造成を要しない部分が混在しているのが一般的である。この点、総務省より示されている平均的造成費は、全体のゴルフ場用地に対して造成を要する部分を60％と想定して積算しているものである。

図表３－６－12　造成を要する部分と要しない部分がある場合の平均的造成費の算定

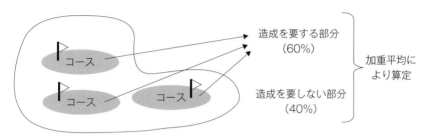

　そのため、造成費の積算にあたっては、造成を要する部分と造成を要しない部分の割合に留意する必要がある。認定したゴルフ場用地の範囲とも関連するが、例えば、開設時期の古いゴルフ場で周辺において宅地化が進行している場合などにおいては、造成を要しない樹林地等が少ないケース（図表３－６－13）もあり、逆に郊外のゴルフ場では、造成を要しない部分の割合が40％を超えるケース（図表３－６－14）もある。この場合、同様のレイアウトであれば、必然的に前者の方が加重平均した場合の造成費単価は高くなる。

図表３－６－13

造成を要する部分の割合が大きければ、造成費単位（加重平均）は高くなる

図表３－６－14

造成を要する部分の割合が小さければ、造成費単位（加重平均）は安くなる

　この点については、平成18年度の土地研においても検討が行われ、造成を要する部分の面積割合に応じて造成費単価を算定する方法が示されている。

この考え方もふまえつつ、ゴルフ場の実態に即して造成費を積算する必要がある。

①総務省が示す平均的造成費の配分

　樹林地部分の造成費は0円/㎡として、コース等の樹林地以外の部分の造成費を算定。

	造成費単価		樹林地の面積	樹林地以外の造成費単価
【丘陵コース】	830円/㎡	÷	（100％−40％） ≒	1,380円/㎡
【林間コース】	700円/㎡	÷	（100％−40％） ≒	1,170円/㎡

②面積割合に応じて按分平均した造成費単価

【基本式】

　按分平均した造成費単価

　＝　樹林地以外の造成費単価　×（100％−樹林地の面積割合）

【適用結果】

樹林地の面積割合		10%	20%	30%	40%	50%	60%	70%	80%	90%	100%
造成費単価(円/㎡)	丘陵コース	1,240	1,100	970	830	690	550	410	280	140	0
	林間コース	1,050	940	820	700	590	470	350	230	120	0

出典：「ゴルフ場用地の評価について」財団法人資産評価システム研究センター　土地に関する調査研究委員会
平成18年度調査報告書

(4) 位置・利用状況等による補正

　評価基準は、素地価格に造成費を加算した価額を基準とし、「当該ゴルフ場等の位置、利用状況等を考慮してその価額を求める」と規定しており、評価の最終段階で補正の必要性を明示している。

　評価基準の表現は、「位置」、「利用状況」、「等」の３要素に分けることができる。

　「位置」については、いわゆる立地条件のことで、ゴルフ場の競争力に最も大きな影響を及ぼす要因である。すなわち、人口密集地域に近ければ近いほどプラスに、遠ければ遠いほどマイナスとなり、人口密集地域への近接度が同等であれば、高速道路のインターチェンジに近い、国道からの便がよい等、交通の便が優れることが競争力を高めることとなる。

　こうした立地条件については、素地山林価格の評定段階でも当然に考慮されるべき要因であるから、最後の段階で補正すれば二重考慮になるとの議論がある。しかし、立地条件が土地価格に影響を及ぼす度合いは、素地山林価格の段階よりも出来上がりのゴルフ場用地としての段階の方が強いため、素地山林価格に反映された格差に付加して補正することは必ずしも二重考慮にはならないと考えられる。また、造成費は（造成の難易といった観点ではなく、ゴルフ場としての競争力という観点では）立地条件に左右されないのに対し、出来上がりのゴルフ場用地としての価格は、立地条件の影響を強く受けるため、事後的に補正という手段をもって、造成費の部分にまで立地条件の格差を及ぼす必要が生じる場合もある。

　以上より、ゴルフ場用地の評価にあって、最後の補正段階で立地条件の検討を行うことは必須であり、補正を行わない場合でも、立地条件の検討に立脚した判断をもってそうすべきである。

　「利用状況」については、豪雪地方にあって冬季クローズが余儀なくされる等、ゴルフ場としての利用を左右する明らかな要因があるときは考慮すべきである。

　「等」については、実務上、ゴルフ場利用税の等級により格差付けしてい

る事例が多い。ゴルフ場利用税の等級は、ゴルフ場のプレーフィー、利用者数及び規模などを参考に都道府県によって格付けされた指標であり、等級そのものが土地価格を形成するわけではないものの、等級算定にあたって考慮された各項目を総合的に考慮した代替指標的な位置づけを有するものと考えられる。

　なお、等級を参考として補正率を検討するにあたっては、等級算定において考慮された各項目の内容及びこれらがゴルフ場用地価格に及ぼす影響を十分に把握しておくことが必要である。

　以上のとおり、位置、利用状況等の補正の必要性と率の査定にあたっては、立地条件の考慮を中心として、ゴルフ場等レジャー施設等の経営の立場にたち、かつ、市町村内・都道府県内だけでなく、より広域的な分析を行うことが必要である。

　このような分析スキルを市町村の職員に求めることは通常困難であるから、位置、利用状況等の補正の必要性と率の査定にあっては、鑑定士等の専門家のコンサルティングや意見書を活用することが有用である。

(5) 閉鎖後のゴルフ場用地について

　直近では、新型コロナウイルスの感染リスクが相対的に低い屋外スポーツとしてゴルフ人気に回復傾向がみられるものの、それ以前は、プレーヤーの減少とプレーフィーの低下から売上の低迷が続き、コースを閉鎖するゴルフ場が増加傾向にあった。

　コースを閉鎖したままのゴルフ場も多いなか、閉鎖後のゴルフ場用地の評価に際しては、以下の事項に留意すべきである。

　▶　地目の認定について

　　閉鎖したコースについて、使用しているか否かではなく、ゴルフ場としての現況があれば「雑種地（ゴルフ場等用地）」として認定することに問題はないと思われる。今後、閉鎖部分の維持管理が行われず、コースとして利用できないような状況にあると認められる場合は、原野または

山林への地目変更を含めた評価の見直しを検討すべきこととなる。

　なお、近年では、閉鎖後のゴルフ場用地を太陽光発電施設用地として利用しているケースもみられる。平成25年度の土地研報告書によると、太陽光発電施設用地の地目について、「あくまで土地の現況及び利用目的から個別に地目を判断すべきではあるものの、特に太陽光発電施設用地及び風力発電施設用地については、家屋が設置される蓋然性は低く、また、実態調査の結果からも、これらの施設用地については例外的な状況にある場合を除き、雑種地（その他の雑種地）として地目認定しているものと考えられる。」と記載されている。

　このように、地目は雑種地（ゴルフ場等用地→その他の雑種地）のままであったとしても、利用状況をみると土地の実質的価値が全く異質なものへと変換している場合には、地目の変換と同等の変化があったものと考えられるケースもあり、コースとして利用できないような状況にあると認められる場合と同様に、評価の見直しを検討すべきであることに留意する必要がある。

▶　補正による評価上の考慮について

　まず、経営上の理由による人為的な閉鎖は、自然的な条件によって利用の停止を余儀なくされる冬季クローズと比べて、利用上の制約条件が異なる点に留意しておきたい。

　すなわち、経営者の意思決定によって閉鎖を行うことは、土地利用における裁量の範囲内であり、現況が出来上がりのゴルフ場となっている以上、営業をする・しないといった裁量によって土地の評価は左右されないはずである。

　しかし、社会経済情勢の変化や地域の衰退等によって営業を断念するケースにあっては、当該ゴルフ場に競争力がなかったことの証左であることから、他のゴルフ場用地との評価の均衡をふまえつつ、位置・利用状況等による補正の見直しを検討していく必要がある。

　そのため、閉鎖前のゴルフ場用地に対する補正の有無及びその根拠や

考え方の再点検を行い、それらをふまえたうえで、閉鎖によって顕在化された価格の低下分を、補正の見直しによって適切に反映していくこととなる。

【参考文献】
（1）「ゴルフ場用地の評価について」財団法人資産評価システム研究センター・土地に関する調査研究委員会　平成18、19年度調査報告書
（2）「再生可能エネルギー発電施設の用に供する土地の評価」一般財団法人資産評価システム研究センター・土地に関する調査研究委員会　平成25年度調査報告書

参 考 資 料

総 税 評 第 15 号
令和４年５月23日

各道府県総務部長　　殿
（税務担当課・市町村税担当課扱い）

東京都総務・主税局長　　殿
（市町村課・固定資産評価課扱い）

総務省自治税務局資産評価室長
（　公　印　省　略　）

令和６年度固定資産の評価替えに関する留意事項について

　令和６年度の固定資産の評価替えについては、別添「令和６年度固定資産の評価替えに関する留意事項」に留意のうえ、市町村の事務が円滑に進められるよう準備を整えていただくようお願いします。

　また、この旨については貴都道府県内市町村に御連絡をお願いします。

　なお、本通知は地方自治法（昭和22年法律第67号）第245条の４（技術的な助言）に基づくものです。

令和6年度固定資産の評価替えに関する留意事項

I　土地

【1】　基本的事項

　1　適正な評価の実施等
　　（1）適正な評価の実施
　　　　　土地の評価に当たっては、固定資産評価基準（昭和38年自治省告示第158号。以下「評価基準」という。）によって、均衡のとれた適正な評価を行うこと。また、地目の変換等現況変更の把握漏れ等による課税誤りのないよう現況の把握について適正を期すること。

　　（2）評価に関する資料の整備保存
　　　　　土地の評価に関する資料（評価調書、間口・奥行等の画地に係るデータ等）について、適切な整備保存に努めること。

　　（3）納税者への説明
　　　　　課税庁としての説明責任にかんがみ、納税者に対して評価の仕組みや評価額の算出過程について分かりやすく説明するよう努めること。

　2　評価の均衡確保等
　　（1）基準地価格
　　　　　指定市町村の基準地価格については総務大臣が、指定市町村以外の基準地価格については都道府県知事が、それぞれ調整を行うこととされているが、都道府県において当該調整を行う際には、市町村間の価格の均衡を図ること。

　　（2）市町村の境界付近における標準地価格
　　　①　宅地については、評価の均衡を図るため市町村の境界付近の標準宅地に係る鑑定評価価格に関して、調整すべき事項や日程等についての情報交換を十分行い、不均衡が生じないよう努めること。
　　　②　宅地以外の地目に係る土地の評価においても、関係市町村間で十分に協議を重ね、不均衡が生じないよう努めること。

(3) 法規制等により利用制限等のある土地の評価

　　法令等による開発行為の制限、建築規制等の土地の利用制限等が土地の価格に影響を与える場合には、当該影響を適正に評価に反映させること。

3　各地目共通の事項

(1) 価格調査基準日

　　令和6年度評価替えに係る価格調査基準日（不動産鑑定評価を求める際の価格時点その他価格を把握するための事務作業の基準日）は令和5年1月1日であること。

(2) 現況の把握

　　現況の把握は、毎年実施すべきものであるが（地方税法（昭和25年法律第226号。以下「法」という。）第408条）、評価替え前年においては、特に地域別利用状況の変化及び地価動向等について十分留意すること。

(3) 地価動向に関する諸資料の収集及び分析

　　評価替えに当たって、市町村は次の区分により、所要の資料の収集分析に努め、地価動向を十分に把握して適正な評価を行うこと。

　①　宅　　　　　　　地………地価公示価格、都道府県地価調査価格、鑑定評価価格、相続税路線価

　②　宅地以外の地目………地価公示価格、都道府県地価調査価格、売買実例価額、精通者価格、農地法（昭和27年法律第229号）第3条による農地の所有権移転の許可申請の際に農業委員会に提出される土地の対価

(4) 地区区分の見直し

　　(2) により把握した地域別利用状況の変化及び地価動向等に基づき、用途地区、状況類似地区（域）の見直しを行うこと。その際、標準地間の価格差の状況を見極めつつ、都市計画法（昭和43年法律第100号）の地域地区区分及び不動産鑑定士又は不動産鑑定士補（以下「不動産鑑定士等」という。）の意見等も参考にすること。また、状況類似地区（域）内で異なる価格変動が生じ、標準地からの比準では対応が困難な場合等は、地価動向を踏まえ適切に状況類似地区（域）の区分を行う必要があることに留意すること。

　　一方、固定資産税評価に係る事務負担の軽減等の観点からも、相互に近接する状況類似地区（域）間で価格形成の要因が類似し、価格に大きな差がないと認められる場合にはその統合を検討する等、必要に応じて、状況類似地区（域）のあり方について検討すること。

（5）標準地の検証

　　標準地については、評価基準に定める選定方法に合致しているかどうかについて十分検証し、必要な場合には見直しを行うこと。

（6）都市計画区域における留意点

　　都市計画区域における市街化区域と市街化調整区域との区分の見直し等が行われた場合には、例えば、市街化区域農地として評価されていた土地が一般農地として評価される等、当該区域に係る土地の評価方法の変更が必要になることもあるため留意すること。

4　事務処理日程

　　評価替えの主な事務処理日程（予定）は、概ね別紙「令和6年度の評価替えに関する事務予定表」（以下「事務予定表」という。）のとおりであること。

【2】　地目別の事項

1　宅地
（1）標準宅地の適正な時価の評定

　　標準宅地の適正な時価の評定に当たっては、地価公示価格等の7割を目途とすることとし、それぞれ次の価格を活用すること。

　　この場合においては、「鑑定評価書に係る『1平方メートル当たり標準価格』の取扱いについて」（平成4年8月20日付け事務連絡）及び「鑑定評価書に係る『1平方メートル当たり標準価格』の取扱い等について」（平成7年9月19日付け事務連絡）に留意すること。

　　①　令和5年地価公示価格
　　②　令和4年都道府県地価調査価格
　　　　（令和5年1月1日に時点修正したもの）
}　標準宅地と同一地点にある場合に限る。

　　③　令和5年1月1日現在の鑑定評価価格（上記①、②以外の標準宅地）

　　また、①及び②については、不動産鑑定士等から意見書を徴するなどして画地条件等補正内容について十分把握する必要があること。

（2）価格調査基準日以降の評価額の下落修正措置

　　令和5年1月1日以降の地価動向によっては、評価基準第1章第12節二と同様の措置を講じる予定であること。

(3) 鑑定評価価格
　①　不動産鑑定評価基準等に定める要件を具備する鑑定評価書により鑑定評価価格を求めること。
　　　また、当該鑑定評価価格について、担当した不動産鑑定士等に対し、その価格決定理由等について十分に説明を求めるとともに、取引事例の把握や個別的要因の標準化が適切かどうか、面的なバランスが取れているか等について十分精査すること。
　②　鑑定評価価格は、宅地の固定資産税評価額の基礎となるものであり、「宅地の評価における都道府県単位の情報交換及び調整に関する調の調査結果について」（平成26年10月14日付け総税評第37号）で示しているとおり、鑑定評価価格に関して調整を図ることは、評価の均衡を確保するうえで重要な過程であることから、これを活用するに当たっては、地価公示価格及び都道府県地価調査価格との均衡並びに鑑定評価価格相互間の均衡を図るため、市町村間及び都道府県内における広域的な情報交換等必要な調整を行うこと。
　　　また、市町村の境界や都道府県の境界での均衡を図るためには、この付近の標準宅地に係る鑑定評価の情報交換や調整等が特に重要であることに留意すること。

(4) 路線価の付設等
　　路線価の付設等に当たっては、次の点に十分留意のうえ、状況類似地区（域）内の宅地について均衡のとれた適正な評価を行うこと。
　　その際、状況類似地区（域）の境界付近の価格に不均衡が生じないよう留意すること。
　①　市街地宅地評価法による場合においては、その他の街路の路線価の付設に当たり主要な街路に沿接する標準宅地とその他の街路に沿接する宅地との利用上の便等の相違を適正に反映させること。また、一つの街路を挟んで利用状況や価格形成の要因が異なる場合等、同一の路線価とすることによって評価上不均衡が生じる場合は、一つの街路に二つ以上の路線価を付設する等により価格の差異を適切に反映させること。
　②　その他の宅地評価法による場合においては、評価基準別表第4「宅地の比準表」により、適正な比準を行うこと。

(5) 路線価等の公開
　　固定資産税の評価の適正の確保と納税者の評価に対する理解の促進に資するため、法第410条第2項に基づく路線価等の公開について、適切な運用に努めること。
　　また、その際には、情報通信技術を活用し、納税者の利便性の向上を図ること。

(6) 相続税路線価との均衡

　相続税路線価との均衡に十分配意し、関係官署と連絡を密にすること（「財産評価額（相続税評価額）と固定資産税評価額の適正化を推進し均衡を確保するための了解事項について」（平成 7 年 5 月25日付け自治評第17号）参照）。

(7) その他

　次のことについて調査し検討を行ったうえで、必要に応じて評価に反映すること。
① 　公共施設の整備状況、土地区画整理事業の施行状況等土地の価格に影響を与える状況変化
② 　都市計画施設予定地、日照阻害地等評価上補正を要する土地の現況
③ 　その他の宅地評価法から市街地宅地評価法への移行に当たっては市街地的形態の形成状況

2　農地

(1) 一般農地

　土地改良事業の施行による区画形質の変更等地域の実態の把握、状況類似地区の見直し等により、均衡のとれた適正な評価を行うこと。

(2) 市街化区域農地

　市街化区域農地の評価に係る「宅地に転用する場合において通常必要と認められる造成費に相当する額」については、調査、検討を行い、別途通知（発出時期については事務予定表参照）する予定であること。

　なお、田園住居地域内市街化区域農地（市街化区域農地のうち、都市計画法第 8 条第 1 項第 1 号に規定する田園住居地域内のもの）の評価については、都市計画部局と田園住居地域の指定状況等について情報共有し、適正な評価を行うこと。

(3) 勧告遊休農地

　勧告遊休農地（農地のうち農地法第36条第 1 項の規定による勧告があったもの）に関する取扱い等については、「勧告遊休農地に係る評価方法の変更及び農地中間管理機構に貸し付けた一定の農地に係る課税標準の特例措置に関する留意事項について（通知）」（平成28年 5 月25日付け総税固第39号）を参照して、農業委員会と十分に連携し、適正な評価を行うこと。

(4) 高度化施設用地

　高度化施設用地（農地法第43条第 2 項に規定する農作物栽培高度化施設の用に供する土地）に関する取扱い等については、「農作物栽培高度化施設の用に供する土

地の評価について（通知）」（平成30年11月20日付け総税評第38号）等を参照して、農業委員会と十分に連携し、適正な評価を行うこと。

3　山林
　一般山林については、林道整備の状況等による状況類似地区の見直し等により、均衡のとれた適正な評価を行うこと。

4　その他の土地等
　（1）ゴルフ場等用地
　　　ゴルフ場用地の評価に用いる「山林に係る平均的宅造費」及び「ゴルフ場のコースに係る全国の平均的造成費」については、別途通知（発出時期については事務予定表参照）する予定であること。

　（2）農業用施設用地
　　　農業用施設用地の評価については、「農業用施設用地の評価等に関する留意事項について」（平成11年9月29日付け自治評第40号）等に留意し、均衡のとれた適正な評価を行うこと。

　（3）砂防指定地
　　　砂防指定地の評価については、その区域の特定に係る資料の整備状況を踏まえ、評価基準ただし書の取扱いについて検討を行う予定であるが、本文に定める方法（価額の2分の1を限度とした減価をして評価すること）が原則であること。したがって、評価基準ただし書によって評価している市町村にあっては、都道府県とも連携のうえ、令和6年度評価替えにおいて本文に定める方法による評価を実施できるよう、その準備を進めること。

II　家屋

1　適正な評価の実施等
　（1）課税客体の把握
　　　家屋の評価に当たっては、評価基準によって適正な評価を行うとともに、賦課漏れ、滅失家屋の捕捉漏れ等による課税誤りのないよう課税客体の把握について適正を期すること。

　（2）評価に関する資料の保存等
　　　家屋の評価に関する資料（評価調書、評点数付設表等）については、当該家屋が

減失するまで保存するよう努めること（法第343条第10項（特定附帯設備）の規定により課税した場合における資料の保存についても同様であること。）。

特に、法第409条第2項（都道府県知事からの価格の通知）により評価した場合においては、評価の根拠となった資料の収集及び保存に努めること。

また、都道府県にあっては、法第73条の21第3項に基づく価格その他必要な事項の通知に際し、価格決定の根拠となった資料を市町村へ送付すること。

(3) 納税者への説明

課税庁としての説明責任にかんがみ、納税者に対して家屋評価の仕組みや評価額の算出過程について分かりやすく説明するよう努めること。

2　評価基準の改正

(1) 標準評点数の積算

令和6年度評価基準における標準評点数については、令和4年7月現在の東京都（特別区の区域）における物価水準により算定した工事原価（資材費、労務費及び建築工事に直接必要とする諸経費等）に相当する費用に基づいて、その費用の一円を一点として表す予定であること。

(2) 部分別区分及び内容

評価基準第2章第2節二3及び第3節二3に規定している部分別区分及び内容について改正する予定であること。

(3) 再建築費評点基準表

①　評価基準別表第8「木造家屋再建築費評点基準表」及び評価基準別表第12「非木造家屋再建築費評点基準表」（以下「再建築費評点基準表」という。）について整理統合する予定であること。

②　再建築費評点基準表における標準量（標準的な家屋の各部分別の単位当たり施工量）並びに補正項目及び補正係数について見直す方向で検討していること。

③　評点項目等については、「令和6基準年度の再建築費評点基準表における評点項目等追加等要望調査について（照会）」（令和3年5月17日付け総税評第32号－調査対象団体：都道府県、指定都市、県庁所在市、中核市及び施行時特例市等）の結果も踏まえて整理合理化を行うほか、必要に応じ新規項目等の追加を行う予定であること。

(4) 在来分家屋の評価

在来分家屋の評価については、令和6年度評価基準における再建築費評点補正率により実施すること。

なお、非木造家屋に係る再建築費評点補正率に関しては、令和4年7月現在の東京都（特別区の区域）における物価水準の状況を踏まえ、当該補正率を定める区分のあり方について検討する予定であること。

(5) 積雪地域又は寒冷地域の級地の区分

評価基準別表第9の2「積雪地域又は寒冷地域の級地の区分」については、令和5年4月1日現在の市町村の状況に応じて改正を行う予定であること。

(6) 需給事情による減点補正

需給事情による減点補正の適用に当たっては、「事業の用に供する家屋のうちクラブハウス等に対する需給事情による減点補正の適用について」（平成26年3月26日付け総税評第11号）に留意すること。

(7) 経過措置

物価水準による補正率については、必要に応じ改正を行う予定であること。

3　事務処理日程

評価替えの主な事務処理日程（予定）は、概ね事務予定表のとおりであること。

令和6年度の評価替えに関する事務予定表

		評価替えに関する事務	概要調書
令和4年度	4月		照会
	5月	令和6年度固定資産の評価替えに関する留意事項(通知)	
	6月		
	7月	指定市町村の見直しに係る調査(土地)	提出
	8月		
	9月		
	10月		
	11月		
	12月		
	1月	(令和5年度に係る賦課期日) 基準地及び標準地に関する調査照会(土地)	
	2月		
	3月	地方財政審議会固定資産評価分科会 ・評価基準改正案(再建築費評点基準表(案)等(家屋)) 再建築費評点基準表(案)等の提供(家屋)	
令和5年度	4月	評価基準改正案に係る意見公募(再建築費評点基準表等(家屋)) 評価変動割合等調照会(土地)	照会
	5月	基準地及び標準地に関する調査検収(土地)	
	6月	告示及び通知(再建築費評点基準表等(家屋)) 指定市町村の基準地価格(田、畑、宅地及び山林)に関する調整 (6月～8月)(土地)	
	7月	市街化区域農地の標準的造成費通知(土地) ゴルフ場用地の平均的造成費等通知(土地) 評価変動割合等調(下落修正反映前)検収(土地)	提出
	8月		
	9月	地方財政審議会固定資産評価分科会 ・評価基準改正案(砂防指定地、経過措置(土地)、再建築費評点補正率等(家屋)) ・基準地価格 指定市町村に係る基準地価格通知(土地)	
	10月	評価変動割合等調(下落修正反映後)検収(土地) 総評価見込額照会(土地) 評価基準改正案に係る意見公募(砂防指定地、経過措置(土地)、 再建築費評点補正率等(家屋))	
	11月	告示及び通知(砂防指定地、経過措置(土地)、再建築費評点補正率等(家屋))	
	12月		
	1月	(令和6年度に係る賦課期日) 総評価見込額提出(土地)	
	2月	令和6年度の提示平均価額の通知(土地)	
	3月		

令和6基準年度対応版

固定資産税土地評価の実務ポイント

令和4年8月26日　第1刷発行
令和5年11月17日　第2刷発行

　編　　著　一般財団法人　日本不動産研究所
　　　　　　固定資産税評価研究会
　発　　行　株式会社 **ぎょうせい**
　　　　　　〒136-8575　東京都江東区新木場1-18-11
　　　　　　フリーコール　0120-953-431

　　　　　　ぎょうせい　お問い合わせ　検索
　　　　　　https://gyosei.jp/inquiry/

〈検印省略〉

印刷　ぎょうせいデジタル株式会社　　　　　©2022 Printed in Japan
＊乱丁・落丁本は、お取り替えいたします。
＊禁無断転載・複製

ISBN978-4-324-11189-5
(5108819-00-000)
〔略号：土地評価ポイント令6〕